W0260282

Xpert.press

Die Reihe **Xpert.press** vermittelt Professionals in den Bereichen Softwareentwicklung, Internettechnologie und IT-Management aktuell und kompetent relevantes Fachwissen über Technologien und Produkte zur Entwicklung und Anwendung moderner Informationstechnologien.

Weitere Bände in dieser Reihe http://www.springer.com/series/4393

Egmont Foth

Erfolgsfaktoren für eine digitale Zukunft

IT-Management in Zeiten der Digitalisierung und Industrie 4.0

Egmont Foth
Gerlingen, Deutschland

ISSN 1439-5428
Xpert.press
ISBN 978-3-662-53176-1 ISBN 978-3-662-53177-8 (eBook)
DOI 10.1007/978-3-662-53177-8

Die Deutsche Nationalbibliothek verzeichnet diese Publikation in der Deutschen Nationalbibliografie; detaillierte bibliografische Daten sind im Internet über http://dnb.d-nb.de abrufbar.

Springer Vieweg

Gedruckt auf säurefreiem und chlorfrei gebleichtem Papier

Springer Vieweg ist Teil von Springer Nature
Die eingetragene Gesellschaft ist Springer-Verlag GmbH Deutschland
Die Anschrift der Gesellschaft ist: Heidelberger Platz 3, 14197 Berlin, Germany

Vorwort

Informationstechnologie ist allgegenwärtig und längst eine unverzichtbare Voraussetzung für die Wettbewerbsfähigkeit von Unternehmen geworden. Mit der Digitalisierung und Industrie 4.0 stellen Unternehmen ihren Kunden zunehmend besser zugeschnittene Informationen und Services bereit.

Ein darauf ausgerichtetes IT-Management muss hohe Anforderungen erfüllen und wird immer wichtiger für den Unternehmenserfolg. Wie das IT-Management optimal wäre und worauf dabei zu achten ist, beschreibt das Buch.

Der Inhalt dieses Buches basiert auf dem Know-how, das ich während meiner mehr als 10-jährigen praktischen Tätigkeit als CIO dreier Unternehmensgruppen erworben habe.

Gerlingen, Deutschland
Mai 2016

Egmont Foth

Inhaltsverzeichnis

Über den Autor

Dr.-Ing. Egmont Foth studierte Informationstechnik und promovierte auf dem Gebiet der Nachrichtentechnik an der Technischen Universität Dresden. Seine berufliche Laufbahn begann er 1984 in der Forschung und Entwicklung im militärischen Bereich. Es folgten verschiedene Managementpositionen im Alcatel-Konzern. Anschließend wurde er Geschäftsführer eines Dienstleistungsunternehmens, CIO der Unternehmensgruppe fischer sowie CIO und Mitglied der Geschäftsleitung von Carl Zeiss Vision. Seit Januar 2012 ist er als CIO und Leiter IT und Geschäftsprozessmanagement Mitglied der Geschäftsleitung der SAG-Gruppe. Bis Ende 2015 war er 7-mal Preisträger in der Kategorie „Großunternehmen" bei der von der Computerwoche und dem CIO-Magazin organisierten Wahl des CIO des Jahres.

Abbildungsverzeichnis

Tabellenverzeichnis

1 Einleitung

Unternehmen der Zukunft nutzen die Digitalisierung, um für ihre Kunden zugeschnittene Informationen und Services bereitzustellen. Die Informationstechnologie (IT) wird zum zentralen Erfolgsfaktor von Unternehmen. Daten, verknüpft mit allgegenwärtigen Informationen, bilden dabei den wichtigsten Rohstoff. Sie werden gesammelt, um auf ihrer Basis innovative Services zu entwickeln. Wer Daten in ausreichender Menge besitzt und effektiv einsetzt, wird Erfolg haben. Aktuelle Technologien, wie die Vernetzung über das Internet, das Mobile Computing, das Cloud Computing, das Internet of Things, die In-Memory-Verarbeitung von Big Data und die Industrie 4.0, unterstützen dies.

In diesem Buch wird auf der Grundlage praktischer Erfahrungen erläutert, wie sich die Informationstechnologie entwickelt hat und wie eine erfolgreiche IT-Organisation heute aussehen kann. Es richtet sich an Führungskräfte und Mitarbeiter, die ihr IT-Management-Know-how erweitern möchten.

E. Foth, *Erfolgsfaktoren für eine digitale Zukunft,* Xpert.press,
DOI 10.1007/978-3-662-53177-8_1

Was verstehen wir unter Informationstechnologie? 2

Die Informationstechnologie (IT) hat uns und die Welt in wenigen Jahrzehnten so stark verändert wie nur wenige technische Entwicklungen zuvor. Ohne sie wäre unser heutiges, modernes Leben mit Luftverkehr, Medizintechnik, weltweitem Handel, mobilem Arbeiten etc. nicht möglich.

Die IT umfasst Computer- und Telekommunikationssysteme, Kommunikationsnetze, Prozesse und Support-Organisationen zur elektronischen Erfassung, Verarbeitung, Speicherung und Verbreitung von sprachlichen, bildlichen, textlichen und numerischen Informationen (s. auch http://en.wikipedia.org/wiki/Information_technology).

2.1 Der Ursprung

Die Bedeutung der Erfindungen, die die Grundlage für unsere heutige Informationstechnologie bilden, wurde anfangs stark unterschätzt.

Zur Erfindung des Telefons äußerte das Management der Western Union Telegraph Company 1876: „Das Telefon hat zu viele ernsthaft zu bedenkende Mängel für ein Kommunikationsmittel. Das Gerät ist von Natur aus von keinem Wert für uns“ [1].

Ungeachtet dessen nutzen heute Menschen auf der ganzen Welt Telefone, um miteinander über große Entfernungen zu sprechen.

Computer, die auf Schreibtischen abgestellt werden können, gibt es erst seit 40 Jahren. Die bis dahin dominierenden Großrechenanlagen füllten ganze Hallen, waren extrem laut und benötigten sehr viel Strom, sodass Thomas Watson, der Gründer von IBM, 1943 sagte: „Ich denke, dass es einen Weltmarkt für vielleicht fünf Computer gibt“ [1]. Damals konnte er nicht voraussehen, dass 1947 der Transistor erfunden wurde, der elektromechanische Relais und Elektronenröhren ablöste und die Entwicklung sehr viel kleinerer, leistungsfähigerer Computer ermöglichte.

E. Foth, *Erfolgsfaktoren für eine digitale Zukunft,* Xpert.press,
DOI 10.1007/978-3-662-53177-8_2

Ken Olson, der Präsident und Gründer von Digital Equipment Corp. (DEC), sah keinen Bedarf für private Computer, als er 1977 sagte: „Es gibt keinen Grund, warum irgendjemand einen Computer in seinem Haus wollen würde“ [1].

Inzwischen nutzen alle Unternehmen und die meisten Privathaushalte täglich miteinander vernetzte Computer, um Informationen auszutauschen, zu bearbeiten und zu speichern.

Einige historische Meilensteine sind [2–5]:

1835	Erfindung des elektromagnetischen Relais von Joseph Henry
1837	Telegraf (Samuel Morse)
1861	Festnetztelefon von **Philipp Reis**
1890	Hollerith Tabulator & Sorter Box (Lochkartenzähler)
1902	Entwicklung der ersten Elektronenröhre von Peter Cooper-Hewitt
1941	Z3 von **Konrad Zuse** ist der erste voll funktionsfähige, frei programmierbare Computer in binärer Gleitpunktrechnung
1946	Großrechner „ENIAC“ von IBM mit 14.468 Elektronenröhren
1947	Erfindung des Transistors in den Bell Labs
1953	Erster kommerzieller IBM-Computer IBM 701
1964	Großrechner bzw. Mainframe „System/360“ von IBM
1964	Kleinrechner bzw. Minicomputer „PDP-8“ von DEC
1967	Erster kommerzieller RFID-Einsatz: Diebstahlssicherungssystem EAS (Electronic Article Surveillance)
1969	Computer-Netzwerk ARPANET (Vorläufer des heutigen Internets)
1971	Intel stellte den ersten kommerziellen Mikroprozessor „Intel 4004“ vor
1973	Ethernet-LAN von Xerox
1976	Apple-PC
1981	IBM-PC mit PC-DOS von Microsoft
1983	Internet auf TCP/IP-Basis
1985	Token-Ring-LAN von IBM
1984	Laptop-Computer Epson PX-8
1989–98	ITIL wurde von der Central Computing and Telecommunications Agency (CCTA) entwickelt, einer Regierungsbehörde in Großbritannien. Heute ist ITIL der weltweite De-facto-Standard für IT-Service- Management
1992	Entwicklung von HTML, HTTP, URL, einem Browser und einem Webserver als Grundlage des World Wide Web (WWW) durch **Tim Berners-Lee**
1992	Digitales Mobiltelefon
1993	Euro-ISDN (Digitale Festnetztelefonie)
1993	Handheld-Computer (PDA) „Newton“ von Apple
1994	Digitalkamera Apple QuickTake
1995	IP-Telefonie von VocalTec im Internet verfügbar

1995	Suchmaschinen Altavista, Lycos und Yahoo starten
1995	E-Commerce: Amazon.com eröffnet Online-Shop
1996	Intranet Es handelt sich um eine damals neu eingeführte Bezeichnung für Unternehmensnetze, die die Internet-Technologie nutzen, d.h. TCP/IP, HTTP, HTML, SMTP, POP3, IMAP4, S/MIME, DHCP, DNS, FTP, TELNET, SSL/TLS etc.
1996	Handheld-Computer (PDA) von Palm
1996	Erster digitaler Camcorder von Sony
1996	Smartphone „Nokia 9000 Communicator"
1997	Erster Wireless-LAN-Standard IEEE 802.11
1998	Suchmaschine Google geht in Betrieb
1999	Erste kostengünstige WLAN-Lösung: Airport-Technologie im iBook von Apple
2000	Die Abschaltung der „Selective Availability" des Global-Positioning-Systems ermöglichte auf 15 m genaue KFZ-Navigationssysteme
2001	Salesforce.com bietet im Internet einen CRM-Cloud-Computing-Service (SaaS, On-demand-Online-Service) an
2001	Start der Suchportale für die freie Enzyklopädie „Wikipedia" (wikipedia.org, wikipedia.de)
2001	MP3-Player „iPod" von Apple
2002	Tablet-Computer auf Basis von Windows XP von Microsoft
2003	Start des internationalen, webbasierten, sozialen Netzwerks „LinkedIn" für Geschäftskontakte
2003	Start der Netzwerk-Plattform „Open Business Club" für Geschäftskontakte im deutschsprachigen Raum, die 2007 in „Xing" umbenannt wurde
2004	Start der Foto-Sharing-Plattform „Flickr"
2004	Start der sozialen Netzwerk-Plattform „Facebook"
2004	Sportcomputer Polar S625X
2005	Start der Video-Sharing-Portals „Youtube"
2006	Start des Kurznachrichtendienstes „Twitter"
2007	Smartphone „iPhone" von Apple
2007	Amazon bringt den e-Book-Reader „Kindle" in den USA auf den Markt
2010	Tablet-Computer „iPad" von Apple
2010	Start des Foto-Sharing-Dienstes „Instagram" für Mobilgeräte
2013	Gründung der Smart-Home-Initiative „Quivicon" zur Vernetzung von Haustechnik, Haushaltsgeräten und Unterhaltungselektronik
2013	Smartwatch „Galaxy Gear" von Samsung
2015	Gründung der Plattform „Industrie 4.0" unter Leitung des BMWi und des BMBF
2015	Smartwatch „Apple Watch" von Apple

2.2 Die Gegenwart

Unternehmen nutzen vernetzte Computer und Enterprise-Resource-Planning-Software zur Unterstützung ihrer Kerngeschäftsprozesse, um Material-, Wert- und Informationsströme effektiv, effizient und transparent zu steuern.

Sie müssen sich allerdings immer häufiger mit einer zu groß gewordenen Komplexität ihrer IT-Landschaft auseinandersetzen. Dazu tragen v. a. folgende Rahmenbedingungen bei:

- die beschleunigte Entwicklung von Märkten, Produkten, Services und Geschäftsprozessen,
- ungenügende Abstimmungen zwischen Fachbereichen und IT-Organisation (z. B. fehlende Geschäftsprozessmodelle) zu neuen IT-Lösungen,
- Mergers and Acquisitions,
- fehlende bzw. nicht eingehaltene IT-Standards zur Strukturierung von Verantwortung, Architektur und Prozessen,
- unkontrollierte Beschaffungen von IT-Lösungen sowie
- die immer kürzer werdenden Innovationszyklen in der IT-Branche.

Mit der Public Cloud und dem Mobile Computing wurde die unkontrollierte Nutzung von externen Services und privaten Smartphones sowie Tablets stark vereinfacht. Daten werden von Mitarbeitern immer häufiger weitgehend ungesichert im Internet abgelegt und ausgetauscht. Zusätzlich zum fehlenden Datenschutz resultieren daraus Sicherheitsrisiken, Lizenzrechtsverletzungsrisiken und eine Vergrößerung der Heterogenität der IT-Landschaft.

Folgen einer zu groß gewordenen Komplexität der IT-Landschaft sind Systemausfälle, spürbare Flexibilitätseinschränkungen, lange Informationssuchzeiten, ein hoher Supportaufwand sowie unzufriedene Kunden.

Zur Verringerung der Komplexität sind Konsolidierungs- und Harmonisierungsprojekte für Geschäftsprozesse, Datenstrukturen und Informationssysteme erforderlich. Ausgehend von einer systematischen Analyse der Handlungsfelder (z. B. IT-Applikationen, IT-Infrastruktur, IT-Sourcing, IT-Operations) werden notwendige Korrekturmaßnahmen, wie beispielsweise die Konsolidierung von IT-Applikationen und die Standardisierung der IT-Infrastruktur, festgelegt.

Übliche Maßnahmen zur Vereinfachung sind:

- ein strukturiertes Demand-Management,
- ein Geschäftsprozessmodell (als Voraussetzung für ein globales Template für Informationssysteme),
- eine zentrale IT-Governance,
- eine zentrale IT-Beschaffung,

- die IT-Standardisierung,
- ein IT-Architekturmodell für Applikationen und Infrastruktur,
- ein Applikations-Lifecycle-Management,
- ein standardisiertes IT-Service-Management mit Service-Katalog, Service-Preisliste etc.,
- die Service-Automation,
- eine Anwender-Self-Service-Plattform.

Als Ergebnis entstehen zentral gesteuerte IT-Organisationen mit einem hohen Standardisierungsgrad.

In Privathaushalten dienen Computer zum:

- Zugriff auf Webseiten im Internet,
- Informationsaustausch per E-Mail und über Social-Media-Plattformen,
- Lesen elektronischer Bücher,
- Schreiben von Dokumenten,
- Anhören von Musik,
- Ansehen von Filmen,
- Einkaufen und vielem mehr.

Informationen sind im Internet jederzeit und überall verfügbar. Nachrichtenticker, Online-Tageszeitungen, Radio und Fernsehen halten uns auf dem Laufenden, Webseiten inkl. Wikis und Suchmaschinen stehen für beliebige Recherchen zur Verfügung.

2008 waren laut Gartner Inc. bereits weltweit mehr als 1 Mrd. PCs im Einsatz [6] und laut BMWi existierten 1,27 Mrd. Telefon-Hauptanschlüsse [7]. Die Anzahl verkaufter Mobilfunktelefone lag damals bereits bei 1,26 Mrd. Stück. In Deutschland besaß 2011 jeder Bürger statistisch 1,3 Mobilfunkverträge, es gab 39 Mio. Festnetzanschlüsse [6] und mehr als 43 Mio. Computernutzer [8].

2.3 Die Zukunft

Mobile, vernetzte Computersysteme werden allgegenwärtig. Immer mehr Menschen, Gegenstände, Maschinen, Werkzeuge und Bekleidungsstücke erhalten Sensoren und intelligente Funktionen, die darauf basieren.

Die Telemedizin ermöglicht beispielsweise die kontinuierliche Überwachung von EKG und Blutdruck Herzkranker. Das intelligente Stromnetz (Smart Grid), das sich durch die Überwachung und Steuerung von Erzeugern und Verbrauchern selbst stabilisiert, wird Realität.

Mit dem Internet der Dinge („internet of things") und dessen Einsatz in der intelligenten Fabrik (Industrie 4.0) entstehen täglich riesige Datenmengen („big data"), deren Echtzeitanalyse („business analytics") eine sehr schnelle Reaktion auf veränderte Umgebungsbedingungen ermöglicht. Die Interpretation von Daten und das Entwickeln neuer Ideen lösen transaktionale Aufgaben der Mitarbeiter in der Produktion ab.

Die Digitalisierung von Unternehmen führt zu schnelleren Reaktionen auf Kundenanforderungen mit mithilfe dynamischer Wertschöpfungsketten, in die Lieferanten bedarfsweise integriert werden.

Kunden und Geschäftspartner sind zunehmend stärker in Geschäfts- und Wertschöpfungsprozesse einbezogen. Flexibilität, Agilität, Transparenz und Integrationsfähigkeit von Unternehmen steigen durch die Kontrolle, Steuerung und zielgerichtete Auswertung riesiger Datenmengen,die innerhalb und an den Schnittstellen zum Unternehmen fließen. So entsteht nicht nur eine effizientere und flexiblere Produktion, die sich in Echtzeit („just in time") individuell an Kundenwünsche anpassen lässt, sondern es lassen sich auch neue Geschäftsmodelle entwickeln.

Eine wichtige technische Grundlage für die zunehmende Flexibilität ist das Cloud Computing. Es erleichtert die schnelle, kostengünstige, standardisierte Bereitstellung von IT-Services. IT-Organisationen in Unternehmen übernehmen die Rolle des Cloud Service Brokers und entscheiden bei neuen Anforderungen, ob sie sich am besten in der eigenen, klassischen IT-Umgebung („on premise") oder dynamisch („on demand") in einer Private Cloud oder in der Public Cloud erfüllen lassen.

3 Welchen Nutzen hat Informationstechnologie?

Der Wertbeitrag der IT entsteht durch die Verbesserung der Wertschöpfung im Unternehmen. IT ermöglicht es, neue Geschäftsfelder zu erschließen und bestehende effektiver und effizienter zu bearbeiten.

3.1 Wirtschaftlichkeit

Manchmal wird die IT als reiner Kostenfaktor betrachtet. Die im Abschn. 3.2 beschriebenen Entwicklungen zeigen, dass diese Annahme nicht stimmt. Aber auch gerade dann, wenn die IT als differenzierender Wettbewerbsfaktor gilt, ist eine Erfolgskontrolle notwendig. Kosten, Nutzen und Leistungen sind transparent darzustellen.

Die Kontrolle der Wirtschaftlichkeit der IT ist Aufgabe des IT-Controllings. Dafür eingesetzte Instrumente sind Budgetpläne, darauf basierende Soll-Ist-Analysen, IT-Kennzahlen (z. B. in einer Balanced Scorecard), Kosten-Nutzen-Analysen (s. Abschn. 6.3) sowie Entscheidungsanalysen, die auch nichtwirtschaftliche Faktoren berücksichtigen. Bei der Ermittlung von Kosten und Nutzen werden die Prozesskosten und der Prozessnutzen mit betrachtet.

Wirtschaftlichkeit liegt vor, wenn dasselbe Ergebnis mit verringertem Aufwand realisiert werden kann oder bei gleichem Aufwand das Ergebnis qualitativ bzw. quantitativ besser wird. Eine Investition ist wirtschaftlich, wenn die Summe der Einnahmen die Summe der Ausgaben übersteigt. Kosten-Nutzen-Analysen helfen, unter alternativen Lösungsmöglichkeiten die Investition auszuwählen, die den größten Nutzen hat.

E. Foth, *Erfolgsfaktoren für eine digitale Zukunft,* Xpert.press,
DOI 10.1007/978-3-662-53177-8_3

3.2 Wettbewerbsfähigkeit

Informationstechnologie erleichtert die tägliche Arbeit so selbstverständlich, dass wir sie kaum noch wahrnehmen. Aufgrund der allgemeinen Verbreitung führt ihr Einsatz in Unternehmen nicht mehr automatisch zu einem Wettbewerbsvorteil, sondern nur noch zur Wettbewerbsfähigkeit.

Würde ein Unternehmen auf den Einsatz von Informationstechnologie völlig verzichten, wäre es nicht überlebensfähig. Nicht nur die fehlende elektronische Kommunikation, sondern auch der Verzicht auf eine elektronische Informationsverarbeitung und -speicherung wären gravierende Nachteile.

Eine hohe Zuverlässigkeit und Performance von Informationstechnologie sowie eine ausreichende Transparenz (d. h. Informationsverfügbarkeit und Nachvollziehbarkeit von Entscheidungen) sind wichtig für die Produktion, den Service und die internen Prozesse.

Innovation in der Informationstechnologie sichert die Aufrechterhaltung der Konkurrenzfähigkeit. Fehlen innovative technische Lösungen, verringert dies die Produktivität und Kosteneffizienz der Geschäftsprozesse sowie die Entwicklung eines potenziellen Neugeschäfts.

Ein tatsächlicher Wettbewerbsvorteil kann sich aus folgenden Entwicklungen ergeben:

- der Erfassung und Echtzeitanalyse von Geschäfts- und Maschinendaten, um schneller als andere Unternehmen auf Veränderungen zu reagieren („mathematischer Think-Tank"),
- der Realisierung neuer Geschäftsmodelle mittels Digitalisierung, d. h. einer höheren Durchdringung der Geschäftsprozesse mit Informationstechnologie, die dynamische Wertschöpfungsketten und auf den Kunden optimal zugeschnittene Informationen und Services ermöglicht.

4 Einsatz im schlanken Unternehmen

4.1 Woran können wir ein schlankes Unternehmen erkennen?

Schlanke Unternehmen streben nach Operational Excellence, indem sie ihre Ausrichtung auf den Kundenbedarf, ihre Arbeitssicherheit, ihre Qualität, ihre Wirtschaftlichkeit, ihre Produktivität und das Know-how ihrer Mitarbeiter kontinuierlich verbessern. Sie vermeiden Verschwendung und erhöhen die Wertschöpfung.

4.2 Wie setzen schlanke Unternehmen Informationstechnologie ein?

In einem schlanken Unternehmen hat der Prozess immer Vorrang vor der Technologie (8. Prinzip des Toyota-Wegs). Noch immer gibt es den weitverbreiteten Irrglauben, dass sich Geschäftsprozesse einfach nur mit der Einführung eines neuen IT-Systems verändern lassen. Dabei wird nicht berücksichtigt, dass auch Prozesse einen Reifegrad haben und sehr stark davon abhängen, ob die betroffenen Mitarbeiter sie als optimal ansehen. Wenn sie das neue System und die neuen Prozesse nicht akzeptieren, finden sie Wege, um beides zu umgehen. Prozesse können erst bei ausreichender Reife, d. h. wenn sie stabil in der vorgegebenen Durchlaufzeit und mit der erwarteten Qualität ablaufen, wirklich erfolgreich in einem IT-System abgebildet werden. Die Abbildung problembehafteter, instabiler Prozesse in Informationssystemen erschwert nur deren Verbesserung.

Ein weiterer Erfolgsfaktor beim Einsatz von Informationstechnologie in schlanken Unternehmen besteht darin, zur Gewährleistung von Stabilität, Zuverlässigkeit und Berechenbarkeit der Prozesse nur zuverlässige, gründlich getestete Systeme zur Erhöhung der Produktivität und zur Mehrwertgenerierung einzusetzen.

E. Foth, *Erfolgsfaktoren für eine digitale Zukunft,* Xpert.press,
DOI 10.1007/978-3-662-53177-8_4

Schlanke Unternehmen achten außerdem darauf, dass Informationen genau dann zur Verfügung stehen, wenn sie gerade gebraucht werden. Die zu frühe Lieferung von Informationen kann in der Produktion zur vorzeitigen Bereitstellung von Rohstoffen führen und dazu verleiten, im Voraus zu produzieren. Teile, die nicht zu dem Zeitpunkt hergestellt werden, zu dem sie gebraucht werden, würden eine einfache Änderung des Produktionsplans unmöglich machen. An die Fertigung gesandte Informationen werden deshalb exakt zeitlich abgestimmt. Bei Toyota beispielsweise führt jedes Auto, das gerade montiert wird, die notwendigen Informationen in Form eines Fertigungsauftragsblatts mit sich.

4.3 Wie arbeiten schlanke IT-Organisationen?

IT-Organisationen in schlanken Unternehmen optimieren sich ständig und wenden die in Abb. 4.1 dargestellten Just-in-Time-Prinzipien bei der Erbringung ihrer Services an.

Eindeutige Prozessdefinitionen und Schnittstellenbeschreibungen, klare Verantwortlichkeiten, frühes Reagieren auf Fehler und einfache Organisationsmethoden ermöglichen stabile Prozesse für qualitativ hochwertige Services.

Die ständigen Veränderungen des Marktes, der Technologien, des Wettbewerbs etc. erfordern kontinuierliche Verbesserungen. Indem jeder einzelne Mitarbeiter seinen Beitrag leistet und den Wandel aktiv mitgestaltet, entsteht zusätzlicher Nutzen für das Unternehmen und seine Kunden. Alle Aktivitäten, die für die Wertschöpfung benötigt werden, sind optimal aufeinander abzustimmen, und überflüssige Tätigkeiten (d. h. Verschwendung bzw. „Muda") sind zu vermeiden. Dies führt zu Prozessen mit einer hohen Kundenorientierung.

Prozessverbesserungen erfordern das ständige Aufdecken und Eliminieren von Verschwendung (siehe Abb. 4.2). Verschwendung bzw. nicht wertschöpfend sind in IT-Organisationen v. a.:

- unnötige Prozessschritte,
- nicht erforderliche Gerätebestände,
- vermeidbare Wartezeiten,
- nicht ausgelastete Ressourcen,
- kaum genutzte Systeme und
- nicht abgerufene Services.

Einen kurzen Überblick über die zur kontinuierlichen Verbesserung eingesetzten Methoden enthält [9].

Fließ-Prinzip (One piece flow)	Synchronisations-Prinzip (Customer's cycle)	Nachfrage-Prinzip (Pull principle)	Null-Fehler-Prinzip (Zero faults principle)
Ein direkter Material- und Informationsfluss ermöglicht kurze und stabile Durchlaufzeiten.	Am Kundentakt ausgerichtete und aufeinander abgestimmte Prozesse erzielen Effizienz.	Überproduktion lässt sich vermeiden, wenn nur das produziert wird, was tatsächlich gebraucht wird.	Stabile und fehlerfreie Prozesse erhöhen die Planbarkeit und reduzieren die Verschwendung.

Abb. 4.1 Just-in-Time-Prinzipien im schlanken Unternehmen

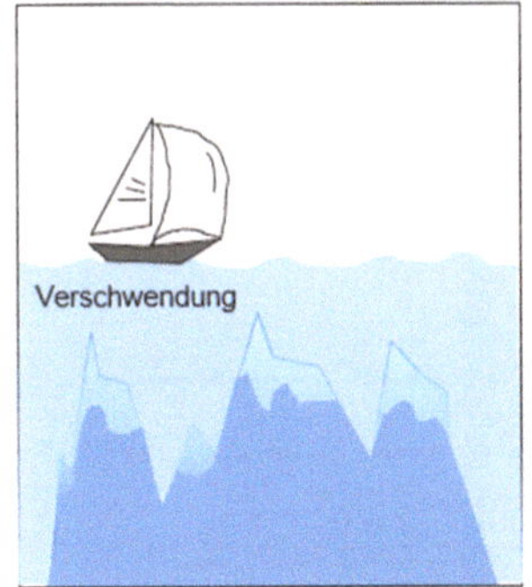

Abb. 4.2 Schrittweise Reduzierung von Verschwendung

4.4 Wie erfolgen Problemlösungen in schlanken Organisationen?

Standardisierte Aufgaben sind die Basis für kontinuierliche Verbesserungen. Standardisierte Prozesse machen Probleme sichtbar. Das funktioniert am besten mit einer Visualisierung der Abweichungen.

Ein Problem ist immer eine Abweichung von einem Ziel, einem Plan oder einem Standard. Wurde im Falle einer Abweichung vom Standard die Ursache gefunden, wird der Standard verbessert.

Die Problemlösung erfolgt dynamisch. Den richtigen Weg lernt man vor Ort beim Durchlaufen des Problemlösungsprozesses.

Der Problemlösungsprozess wird als Demingkreis [2] bzw. PDCA-Zyklus bezeichnet und besteht aus 4 Phasen (s. Tab. 4.1). Dabei steht „PDCA" für „Plan–Do–Check–Act".

Der Status kann in einem A3-Problemlösungsbericht (s. Abb. 4.3) dargestellt werden.

Tab. 4.1 Iterativer Problemlösungsprozess

Schritt	Aktivitäten
Planen („plan")	Entwicklung eines Aktionsplans: • Klärung des Problems, d. h. der Abweichung vom Idealzustand • Erfassen der aktuellen Situation und Ansehen der Abweichung • Abgrenzung des Problems in einem machbaren Rahmen als Grundlage für die Zielsetzung und Kennzahlendefinition • Ermittlung der systemischen Ursache („root–cause") • Entwicklung von Gegenmaßnahmen (Was, Wann, Wo)
Durchführen („do")	Durchführung der Gegenmaßnahmen
Überprüfen („check")	Überwachung der Ergebnisse und des Prozesses: • Messung der Soll-Ist-Abweichungen mit den vorher definierten Kennzahlen • Grafische Darstellung der Ergebnisse
Handeln („act")	Standardisierung und Verbreitung der wirksamen Korrekturen oder Neustart des Problemlösungsprozesses

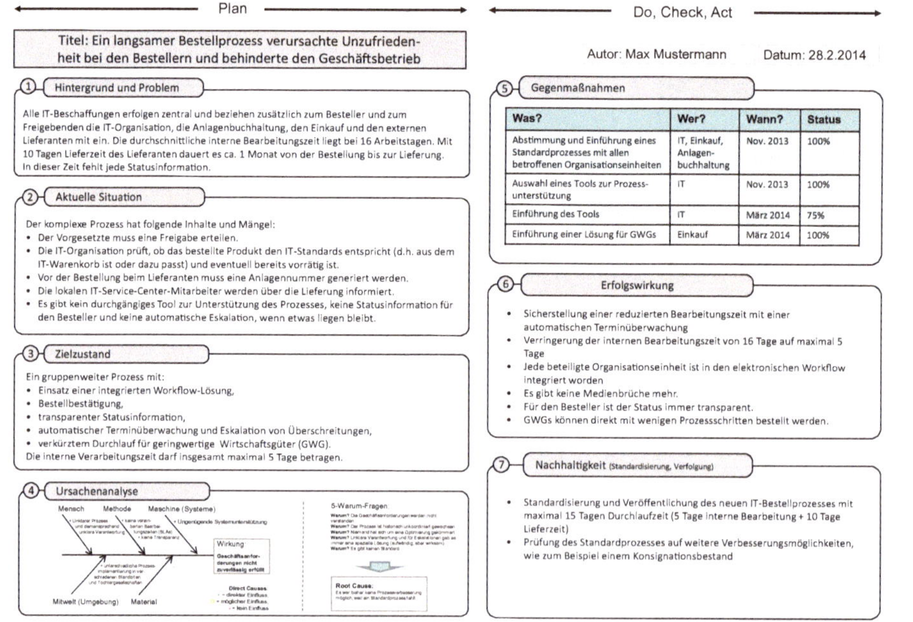

Abb. 4.3 Beispiel eines A3-Problemlösungsberichts

4.5 Wie lassen sich schlanke Managementmethoden in Entwicklungsprojekten nutzen?

In der Softwareentwicklung ermöglichen agile Managementmethoden (Scrum) eine höhere Kundenorientierung als klassische Projektmanagementmethoden mit detaillierten Lasten- und Pflichtenheften. In Scrum [2] wird neben dem Produkt auch die Planung iterativ und inkrementell in enger Zusammenarbeit mit dem Kunden entwickelt. Die Anwender formulieren ihre Anforderungen in Form erwarteter Eigenschaften, die schrittweise in 2 bis 4 Wochen langen Intervallen (Sprints) realisiert werden. Am Ende eines Sprints steht die Lieferung eines fertigen Teilprodukts, auf dessen Basis der Kunde fehlende Anforderungen ergänzt. Für das frühzeitige Erkennen von Fehlern eignen sich agile Methoden besser als klassische. Geht es dagegen schwerpunktmäßig um das Einhalten von Budget- und Terminvorgaben, sind klassische Projektmanagementmethoden meist besser geeignet.

Bewährte Methoden sind allerdings stets um neue Ansätze erweiterbar. Die Realisierung komplexer Kundenanforderungen lässt sich in kleinere Arbeitspakete unterteilen, deren Realisierung nicht länger als einen Tag Zeit beansprucht. Diese Arbeitspakete werden auf jeweils einer Karte beschrieben, die auf einer Plantafel einem Entwicklungsteam tagesgenau zugeordnet wird. Auf dieser Plantafel wird auch der Status der Arbeitspakete dargestellt. In täglichen Meetings vor der Plantafel werden die Ursachen von Abweichungen vom Plan analysiert und Korrekturmaßnahmen vereinbart. Diese Vorgehensweise reduziert die Komplexität und erhöht die Planungssicherheit. Wenn dann noch eine regelmäßige Abnahme der Zwischenergebnisse durch den Kunden stattfindet, erhöht sich auch die Wahrscheinlichkeit, dass er am Ende mit dem Ergebnis zufrieden ist.

4.6 Welche Erfolgsfaktoren gibt es für schlanke IT-Organisationen?

Folgende Faktoren sind eine Grundvoraussetzung für das dauerhaft erfolgreiche Agieren von IT-Organisationen in schlanken Unternehmen:

- Mitarbeiter mit kultureller Passfähigkeit und Begeisterung für dieselben Ideen, die innovativ, eigenverantwortlich, engagiert, hoch motiviert und gut ausgebildet sind,
- eindeutige und attraktive Rahmenbedingungen für die selbstständige, kooperative und zielgerichtete Arbeit jedes Mitarbeiters:
  - eine Unternehmenskultur, die kontinuierliche Prozessverbesserungen und funktionsübergreifende Zusammenarbeit fördert,
  - eine gemeinsame Vision, Strategie und abgeleitete anspruchsvolle Ziele, die sich auf wenige hochpriorisierte Themen beschränken,
  - Arbeitsstandards zur Absicherung erreichter Verbesserungen und zur Gewährleistung einer gleichbleibenden Qualität der Arbeit,

- eine konsequente Geschäftsausrichtung,
- schlanke, kundengetriebene, funktionseinheitenübergreifende, kontinuierlich verbesserte Best-Practice-Prozesse,
- ein direkter, unmittelbarer Informationsaustausch inkl. visuellem Management des Status von Prozessen mittels Kennzahlen,
- die Betrachtung von Problemen als Chancen zur Verbesserung,
- eine selbstlernende Organisation, die neue Herausforderungen im PDCA-Zyklus bearbeitet (Plan = Entwicklung eines Aktivitätenplans, Do = Ausführung, Check = Überprüfung, Act = Anpassung, Standardisierung und Planung nächster Schritte).

4.7 Wie lässt sich der Reifegrad schlanker Organisationen ermitteln?

Die Beantwortung folgender Fragen hilft, den Reifegrad einer Organisation zu ermitteln:

- Sind wir in allen Prozessen und Entscheidungen konsequent auf unseren Kunden ausgerichtet (Zufriedenheit, Nutzen)?
- Sind überflüssige Leistungen, die unser Kunde nicht bezahlt, durch Wertstromdesign abgeschafft und Abweichungen mit visuellen Management, Kennzahlen, 5S am Arbeitsplatz und flussorientiertem Layout sofort sichtbar?
- Betrachten wir Probleme als Chance und lösen sie kontinuierlich im PDCA-Zyklus?
- Hat jeder Mitarbeiter seine Arbeitsabläufe standardisiert und sind die Arbeitsstandards am Arbeitsplatz sichtbar?
- Sind unsere Führungskräfte regelmäßig am Ort des Geschehens („go and see“)?
- Unterstützen unsere Führungskräfte ihre Mitarbeiter als Coach bei der Ausführung ihrer Tätigkeit?

Jede Antwort kann jeweils einer der folgenden 5 Stufen zugeordnet werden:

1. Trifft bisher überhaupt nicht zu.
2. Wir haben gerade damit begonnen.
3. Ist teilweise implementiert.
4. Ist überwiegend implementiert.
5. Trifft vollkommen zu.

Über alle Antworten hinweg ergibt sich aus dem Durchschnitt, ob die Organisation sich gerade am Anfang des Weges zu einer schlanken Organisation befindet, bereits unterwegs ist oder sogar als Best-Practice-Beispiel für andere Organisationen dienen kann.

5 Was benötigt eine erfolgreiche IT-Organisation?

Globale Märkte erfordern von vielen Unternehmen eine zunehmende Flexibilität und den Einsatz neuer Technologien. IT-Organisationen müssen einen stabilen Betrieb der IT-Landschaft gewährleisten und geeignete Lösungen zur Erfüllung neuer geschäftlicher Anforderungen bereitstellen. Neue Technologien in rascher Folge, wachsende Anforderungen an die Geschäftsprozesse, die zunehmende Komplexität der IT-Landschaft und begrenzte Ressourcen stellen eine große Herausforderung dar. Ihre erfolgreiche Bewältigung erfordert ein systematisches IT-Management zur Steuerung der IT-Organisation mit ihren Aufgaben und Zielen.

5.1 Organisationsstruktur

Das Aufgabengebiet einer IT-Organisation lässt sich i. d. R. folgendermaßen unterteilen (Abb. 5.1):

- IT-Betrieb inkl. Service Desk,
- IT-Anwendungsentwicklung und -betreuung,
- IT-Governance.

Zusätzlich werden auch die Prozessberatung und das Stammdatenmanagement als IT-nahe Aufgaben in einigen IT-Organisationen wahrgenommen.

Daraus ergibt sich beispielsweise die in Abb. 5.2 dargestellte Organisationsstruktur.

Das Business Information Management, das neben dem Service Desk die zweite wichtige Schnittstelle zum internen Kunden ist, beschränkt sich in kleinen IT-Organisationen auf einen Mitarbeiter, der das Demand- und Service-Level-Management übernimmt. In großen IT-Organisationen gibt es dafür Functional- (z. B. für HR, CO/FI) und Regional-Information-Officer (z. B. Europa, Asien-Pazifik, Amerika).

E. Foth, *Erfolgsfaktoren für eine digitale Zukunft,* Xpert.press,
DOI 10.1007/978-3-662-53177-8_5

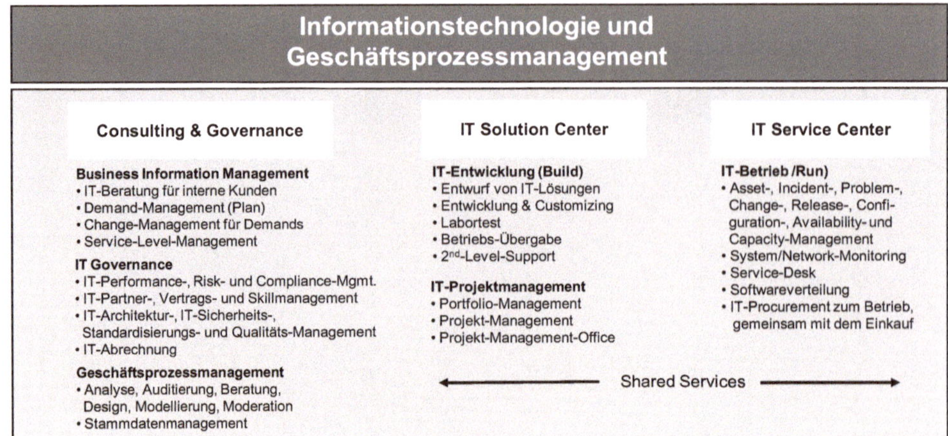

Abb. 5.1 IT-Aufgabenstruktur

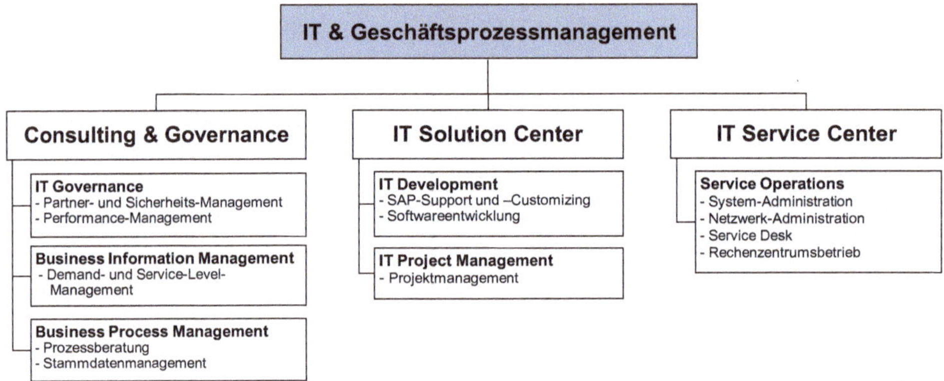

Abb. 5.2 Beispiel einer IT-Organisationsstruktur

Tab. 5.1 enthält einige Erfahrungswerte, die als Regeln für die Dimensionierung der Größe der einzelnen Teams innerhalb einer IT-Organisation verwendet werden können.

IT-Koordinatoren und Key-User unterstützen die IT-Organisation. Beide Funktionen werden von ausgewählten Mitarbeitern der Fachbereiche wahrgenommen, die IT-Systeme nutzen. IT-Koordinatoren kennen die Prozesse in ihrem Fachbereich und verfügen über IT-Kenntnisse, die es ihnen ermöglichen, die IT-Organisation und den Fachbereich bei neuen Anforderungen und Problemlösungen, insbesondere bzgl. IT-Infrastruktur, zu unterstützen. Key-User sind sehr erfahrene Nutzer von IT-Systemen, die Systemänderungen testen, ihre Kollegen trainieren und bei Anwendungsproblemen beraten und technische Probleme an die IT-Organisation melden.

Tab. 5.1 Regeln für die Dimensionierung der Teamgröße

Organisationseinheit	Dimensionierungsregeln
IT-Governance	• Jede IT-Organisation benötigt einen IT-Performance-Manager bzw. IT-Controller • Das Management von IT-Partnern, IT-Sicherheit und IT-Architektur erfordert mindestens einen weiteren Mitarbeiter
Business Information Management	• Diese wichtige Kommunikationsschnittstelle zum internen Kunden sollte ebenfalls mit mindestens einem Mitarbeiter besetzt werden
Business Process Management	• Jeder Prozessberater muss für das Unternehmen einen Nutzen erbringen, der über seinen Kosten liegt
IT-Solution-Center	• Für jedes SAP-Modul muss es mindestens 2 Mitarbeiter geben, die es pflegen, weiterentwickeln und seine Nutzer (User) betreuen • Im SAP-Support ist pro User mit ca. 3 Personentagen Aufwand pro Jahr zu rechnen. Bei 1000 SAP-Usern sind dementsprechend 14 IT-Mitarbeiter für den SAP-Support einzuplanen • Erfahrungsgemäß fällt im SAP-Team ca. 25 % Aufwand für Weiterentwicklungen an. Dies entspricht im vorgenannten Beispiel 5 weiteren IT-Mitarbeitern für die SAP-Entwicklung
IT-Service-Center	• Im Service-Desk ist i. d. R. mit 0,8 Tickets pro IT-User im Monat zu rechnen, ca. 0,5 betreffen den 1st-Level-Support und 0,3 den 2nd-Level-Support. Im 1st-Level-Support wird ein Ticket in mindestens 70 % aller Fälle innerhalb von 15 min bearbeitet. Im 2nd-Level-Support ist mit durchschnittlich 30 min Bearbeitungszeit pro Ticket zu rechnen. Daraus ergibt sich, dass, wenn 1000 IT-User zu betreuen sind und 50 % der Arbeitszeit für den Desktop-Service zur Verfügung stehen, im 2nd-Level-Support ca. 2 Mitarbeiter benötigt werden

In regelmäßig oder anlassbezogen einberufenen IT-Boards (s. Tab. 5.2 und Abb. 5.3) lassen sich Abstimmungen wichtiger Themen crossfunktional sowie mit internen Kunden durchführen.

Ausreichende Freiheitsgrade sind wichtig für hervorragende Leistungen von Teams:

- Mit dem Erwachsenwerden nimmt die Eigenverantwortung zu. Es ist demotivierend, egal ob bei der Arbeit oder in der Familie, wenn man zur Unselbstständigkeit gezwungen wird. Dies führt zur Hilflosigkeit und zerstört die Eigenmotivation.
- Kreativität und kontinuierliche Verbesserung erfordern Freiheitsgrade und die Übernahme von Verantwortung. Wer sich selbst verantwortlich fühlt, denkt eher über Verbesserungsmöglichkeiten in seiner Arbeitsumgebung nach als jemand, der vollkommen von den Entscheidungen anderer Personen abhängig ist.
- Wer in seinem Job nur das tun darf, was ihm vorgegeben wird, hat keinen Anreiz, sein Können zu verbessern. Glaubt er dagegen an seine Selbstbestimmtheit, entsteht meist der Wunsch, besser zu werden und Erfolg zu haben.

Tab. 5.2 IT-Boards

Name	Beschreibung
IT-Strategie-Board	Oberstes IT-Board zur Abstimmung der IT-Strategie auf Basis der aktuellen Geschäftsstrategie und zur Entscheidung eskalierter Themen aus untergeordneten IT-Boards
IT-Architektur-Board	Abstimmung der IT-Architektur und ihrer Änderungen sowie des dazugehörigen Realisierungsplans unter Berücksichtigung der IT-Strategie, des IT-Budgets und der vorhandenen IT-Demands
IT-Demand-Management-Board	Bewertung, Priorisierung und Freigabe neuer Anforderungen in Übereinstimmung mit der IT-Strategie, der IT-Architektur, dem IT-Budget und den bereits vorliegenden IT-Demands
IT-Change-Advisory-Board	Freigabe von Change-Requests für das Solution- und das Service-Center
IT-Service-Board	Durchführung von Service-Level-Reviews und Abstimmung von Erwartungen an den IT-Service
IT-Sicherheits-Board	Bewertung und Entscheidung von IT-Sicherheitsstandards und Policies, Diskussion vorhandener und potenzieller Gefahren inkl. der Festlegung von Gegenmaßnahmen und der Verfolgung ihrer Umsetzung

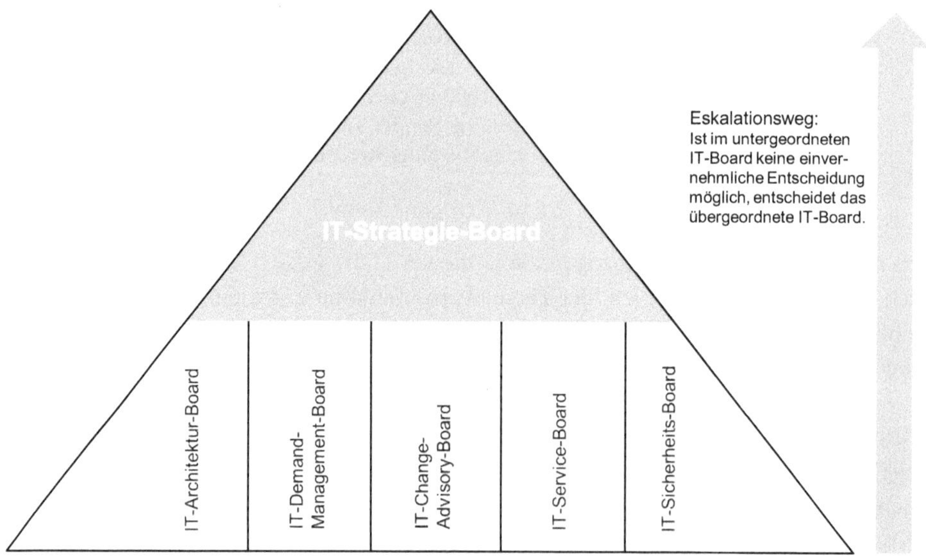

Abb. 5.3 Mögliche IT-Board-Struktur

Die möglichen Entwicklungsstufen eines Teams hin zu mehr Freiheitsgraden und hoher Leistung zeigt Abb. 5.4.

Teams, die mit agilen Softwareentwicklungsmethoden arbeiten, benötigen z. B. große Freiheitsgrade, um ihre eigene Arbeitsgeschwindigkeit selbst zu steuern und Änderungen schnell durchzuführen.

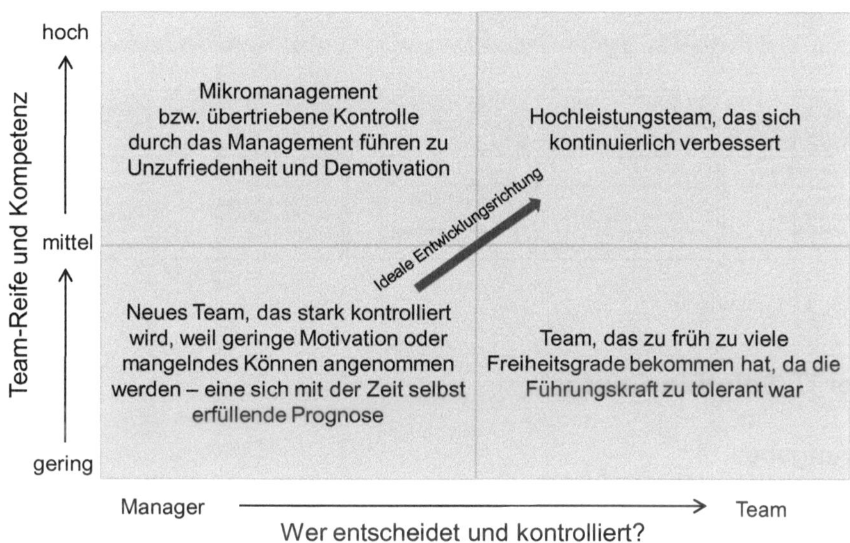

Abb. 5.4 Teamentwicklungsstufen

Freiräume für Mitarbeiter, zugeschnitten auf ihre Fähigkeiten, sind eine notwendige Voraussetzung für Initiative und Kreativität. Mangelnde Freiräume bewirken das Gegenteil. Sie führen dazu, dass Mitarbeiter keine eigenen Ideen mehr entwickeln und stattdessen nur noch Anweisungen ausführen.

5.2 IT-Mitarbeiter

Innerhalb einer IT-Organisation gibt es verschiedene IT-Funktionen (s. Abb. 5.5).

Stellenbeschreibungen (s. Abb. 5.6) legen die Anforderungen an die Stelleninhaber in der jeweiligen Organisation fest.

Jeder Mitarbeiter einer IT-Organisation benötigt Fachwissen. Dies allein genügt heute allerdings nicht mehr, um erfolgreich zu sein. Die Bedeutung von Teamfähigkeit, Serviceorientierung, Kommunikationsfähigkeit, Beratungsfähigkeit, Geschäftsprozesskenntnissen und der Fähigkeit zur Verknüpfung von technischem und betriebswirtschaftlichem Know-how haben stetig zugenommen. Team- und Projektarbeit sind in allen IT-Organisationen gängige Praxis. Eine übergreifende Zusammenarbeit ist wichtig, um in Unternehmen die aus der Globalisierung und dem rasanten technischen Fortschritt resultierenden geschäftlichen Veränderungen erfolgreich zu bewältigen. Zuverlässige, flexible, kundenorientierte Abläufe erfordern nicht nur eine vernetzte IT-Landschaft, sondern auch ein vernetztes Arbeiten der Mitarbeiter.

Bereits in der Ausbildung bzw. im Studium sollte die fachübergreifende Zusammenarbeit vermittelt werden, damit die Absolventen später den Anforderungen der Digitalisierung

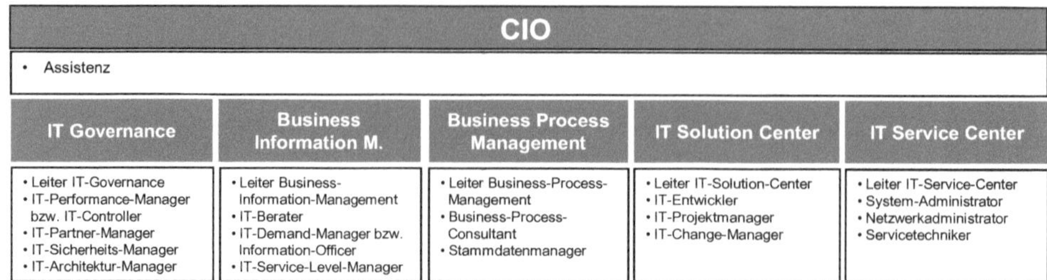

Abb. 5.5 IT-Funktionen

Leiter IT-Solution-Center

Ihre Aufgabe:

- Führung der Mitarbeiter des IT-Solution-Centers
- Verantwortlich für die Entwicklung sowie das Life-Cycle- und Release-Management von IT-Lösungen
- Beratung von Fachabteilungen in Zusammenarbeit mit dem Demand-Management
- Analyse von IT-Anforderungen zum Entwurf von Lösungsvorschlägen und zur Aufwandsermittlung
- Weiterentwicklung der bestehenden IT-Systemlandschaften

Ihr Profil:

- Erfolgreich absolviertes Studium der Informatik, der Informations- und Kommunikationstechnologie oder vergleichbare Berufserfahrung im o.g. Bereich
- Mehrjährige erfolgreiche Leitung von IT-Entwicklungsteams, bevorzugt im SAP-Umfeld
- Sehr gute Kommunikations- und Präsentationsfähigkeiten
- Verhandlungssichere Englischkenntnisse
- Analytisches Denkvermögen sowie eine engagierte, selbständige Arbeitsweise

Abb. 5.6 Beispiel einer IT-Stellenbeschreibung

gewachsen sind. Auch die beschleunigte Weiterentwicklung und die Ablösung von Technologien stellt neue Anforderungen. Absolventen benötigen grundlegende Kenntnisse im Umgang mit Technologien, in der Aneignung von neuem Wissen und in der Lösung von Problemen.

Wer sich für die IT-Branche entscheidet, muss wissen, dass sie einem stetigen Wandel unterworfen ist. IT-Mitarbeiter benötigen eine positive Grundhaltung für Neues. Nur mit einem permanenten Streben nach beruflicher Weiterentwicklung können sie den sich schnell weiterentwickelnden Anforderungen stets gerecht werden. Da der Lernbedarf individuell ist, muss das permanente Lernen ein Teil des Arbeitsalltags sein. Jeder Einzelne ist gefordert, seine Entwicklung selbst in die Hand zu nehmen, unterstützt von seinem Vorgesetzten.

Mit zunehmender Erfahrung erhalten Mitarbeiter i. d. R. mehr Freiheitsgrade. In gleichem Maße muss sich ihre Fähigkeit zur Eigenmotivation bzw. ihre intrinsische Motivation zu einer Schlüsselkompetenz entwickeln. Neue Herausforderungen können zu schwierigen Situationen führen, deren Lösung das selbstständige Beschreiten neuer Wege erfordert. Dabei sind häufig Rückschläge und Widerstände zu bewältigen.

Assessment Center sind als Personalauswahlverfahren bekannt geworden, bei denen Bewerber in Stresssituationen getestet werden. Assessments lassen sich allerdings auch zur Vorbereitung von Organisationsänderungen einsetzen, um für jeden Mitarbeiter in der neuen Organisation den richtigen Platz zu finden und ihm Entwicklungsperspektiven aufzuzeigen. Mithilfe des Assessments werden individuelle Stärken, Entwicklungsbedürfnisse und Potenziale der Mitarbeiter ermittelt. Anschließend erhalten sie ein Feedback. Zur Vorbereitung ist ein Anforderungskatalog zu erstellen (s. Tab. 5.3). Das Ergebnis lässt sich im Kompetenzmodell (s. Abb. 5.7) sowie im Potenzial- und Leistungsdiagramm (s. Abb. 5.8) darstellen.

Eine ähnliche Analysemethode, die häufig bei der jährlichen Einschätzung des Entwicklungsbedarfs von Mitarbeitern eingesetzt wird, ist die Skillanalyse, d. h. die strukturierte Analyse der Fähigkeiten eines Mitarbeiters mithilfe einer Skillmatrix. Die Skillmatrix

Tab. 5.3 Anforderungskatalog für ein Assessment

Anforderung bzw. Kompetenz	Beschreibung
Führungsfähigkeit	• Klare Orientierung geben • Angemessene Verhaltensstandards definieren • Arbeit in geeigneter Weise fair delegieren • Verantwortung übertragen, um Eigenmotivation zu unterstützen • Entwicklungsmöglichkeiten und Coaching anbieten
Kommunikation	• Eine klare Meinung vertreten und Kernargumente aufzeigen • Professionell präsentieren, souverän und selbstbewusst vortragen • Schnell auf Bedürfnisse, Reaktionen und Feedback des Publikums oder Gesprächspartners reagieren • Glaubwürdigkeit ausstrahlen • Verständliche Ausdrucksweise • Information entsprechend den Bedürfnissen des Zielpublikums bzw. Gesprächspartners strukturieren
Unternehmerisches Denken und Entscheiden (inkl. Marktverständnis und selbstständiges Arbeiten)	• Wissen über Marktentwicklungen, wirtschaftliche Trends und die Konkurrenz haben und aktuell halten • Geschäftssinn zeigen und entsprechende Gelegenheiten erkennen • Betriebswirtschaftliche Kenntnisse anwenden • Sich um finanzielle Angelegenheiten kümmern und Kostenbewusstsein zeigen • Einwandfreie Entscheidungen auch in schwierigen Situationen treffen • Verantwortung für Aktionen, Projekte und Mitarbeiter übernehmen • Die Initiative ergreifen und selbstständig arbeiten • Veränderungen im Arbeitsprozess initiieren und einführen

(Fortsetzung)

Tab. 5.3 (Fortsetzung)

Anforderung bzw. Kompetenz	Beschreibung
Ergebnis- und Kundenorientierung (inkl. Verlässlichkeit)	• Sich für Kundenbedürfnisse und Kundenzufriedenheit einsetzen • Qualitätsstandards definieren • Qualität und Produktivität überwachen • Systematisch, methodisch und zuverlässig arbeiten • Eindeutig definierte Ziele festlegen • Stets gut vorbereitet sein und Alternativen kennen • Termine, Aktivitäten und Ressourcen planen und organisieren • Vereinbarte Resultate erreichen
Interaktion und Netzwerken (inkl. Teamfähigkeit und Überzeugungskraft)	• Gute Beziehungen zu Kunden und Mitarbeitern aufbauen • Mit Menschen auf verschiedenen Stufen gut umgehen können • Zuhören, die Meinung anderer einholen und proaktiv kommunizieren • Respekt für die Ansichten und Beiträge von Gesprächspartnern zeigen • Als starke Persönlichkeit auftreten • Durch Überzeugungskraft und Verhandlungsgeschick die Zustimmung und das Engagement anderer gewinnen
Analysefähigkeit und strategisches Denken	• Regelmäßigkeiten und Strukturen von Informationen ermitteln • Vernünftige Urteile auf Basis vorhandener Informationen und Analyseergebnisse fällen • Praktikable Lösungen für verschiedene Problemstellungen entwickeln • Die größeren Zusammenhänge eines Themas überblicken • Eine überzeugende Zukunftsvision für die Organisation erarbeiten • Die Vielfalt an Aspekten kennen, die für die Organisation und deren Strategie wichtig sind
Flexibilität und Anpassungsbereitschaft (inkl. Lernbereitschaft)	• Umfassende Informationen zur Unterstützung des Entscheidungsprozesses sammeln • Gutes Wissensmanagement betreiben, d. h. Informationen zum Nutzen der gesamten Organisation sammeln, ordnen und verteilen • Den persönlichen Stil an unterschiedliche Personen oder Situationen anpassen • Mit mehrdeutigen Situationen umgehen können und daraus resultierende Chancen nutzen • Eine gute Selbstreflexion entwickeln und darüber offen kommunizieren können • Aus Erfolgen und Misserfolgen lernen und aktiv um Feedback bitten
Prozessverständnis	• Prozesse logisch und verständlich darstellen können • Schwachstellen und kritische Wege in Prozessen erkennen • Optimale Prozessabläufe entwickeln können

		1	2	3	4	5	6	7
Wissen	Fachliche Kompetenz							■
	Marktkenntnisse					■		
Führung und Interaktion	Teamführung						■	
	Personalmanagement						■	
	Personalentwicklung						■	
	Interkulturelles Einfühlungsvermögen						■	
Unterneh-merische Kompetenz	Kundenorientierung						■	
	Veränderungsmanagement							■
	Strategische Orientierung						■	
	Ergebnisorientierung							■

Abb. 5.7 Assessment-Ergebnis im Kompetenzmodell

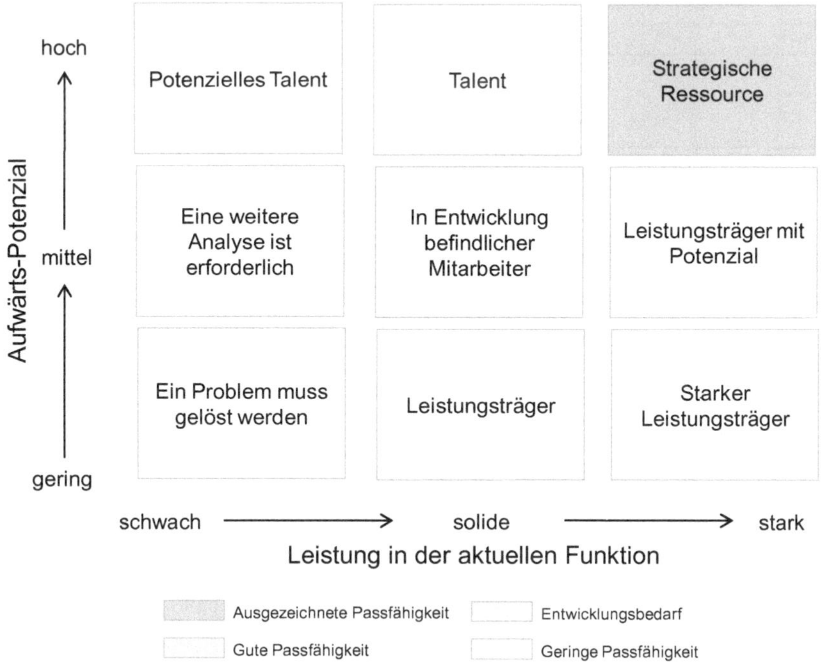

Abb. 5.8 Assessment-Ergebnis im Potenzial- und Leistungsdiagramm

enthält eine Liste der für den jeweiligen Arbeitsplatz erforderlichen Fähigkeiten, für die der Beherrschungsgrad anzugeben ist. Nach einer Selbsteinschätzung des Mitarbeiters bespricht der Vorgesetzte mit ihm den aus den Abweichungen vom Soll-Profil resultierenden Entwicklungsbedarf. Daraus ergibt sich ein individueller Entwicklungsplan (s. Abb. 5.9).

Neben Trainingskursen mit Anwesenheitspflicht gibt es für die Weiterbildung vielfältige Angebote von Online-Trainingskursen, z. B. von skillsoft.de, die flexibel nutzbar sind. Auch Zertifizierungen, Unterweisungen und der Zugriff auf Fachliteratur lassen sich über die Portale der Online-Trainingskursanbieter einfach organisieren.

Name:	Funktion:	Bereich:

Entwicklungsmaßnahmen bei der Arbeit:

Maßnahme	Zu erreichendes Ziel	Zieltermin

Weiterbildung / Training:

Maßnahme	Zu erreichendes Ziel	Zieltermin

Datum	Unterschrift des Mitarbeiters	Unterschrift des Vorgesetzten

Abb. 5.9 Individueller Entwicklungsplan

Name:	Funktion:	Vorgesetzter:	Bereich:

	Erwartungen nicht erfüllt	Erwartungen tlw. erfüllt	Erwartungen erfüllt	Erwartungen tlw. übererfüllt	Alle Erwartungen übererfüllt
Kundenorientierung Serviceorientierung Teamorientierung Ergebnisorientierung Zuverlässigkeit Beratungsfähigkeit Problemlösungsfähigkeit Veränderungsinitiative Entscheidungsfähigkeit Kommunikationsfähigkeit Fachkompetenz Geschäftsprozessoptimierung					
Gesamtleistung					

Datum	Unterschrift des Mitarbeiters	Unterschrift des Vorgesetzten

Abb. 5.10 Leistungsbeurteilungsformular

Mindestens einmal im Jahr sprechen Vorgesetzte mit ihren Mitarbeitern über die jährliche Zielerreichung, von der i. d. R. eine variable Vergütung abhängt. Die entsprechende Zielvereinbarung besteht meist aus finanziellen Zielen des Unternehmens, z. B. EBIT und Free Cash Flow, und 2–3 individuellen Zielen, die so genau zu beschreiben sind, dass die Zielerreichung einfach ermittelbar ist. Dafür sind Kennzahlen oder Projektmeilensteine i. d. R. gut geeignet.

Für die jährliche Leistungsbeurteilung der Mitarbeiter (s. Abb. 5.10) hat sich bewährt, eine Bewertungsskala zu verwenden, die in der Mitte das Kriterium „alle Anforderungen bzw. Erwartungen erfüllt" enthält. Eine höhere Bewertung würde das Übertreffen der Erwartungen erfordern. Dies ist nur in Ausnahmefällen möglich. Da die Erwartungen mit zunehmender Erfahrung jedes Jahr steigen, ist die Bewertungsskala stets passend.

5.3 IT-Business-Alignment

Unter „IT-Business-Alignment" wurde ursprünglich nur die Ausrichtung der IT an den Geschäftszielen eines Unternehmens verstanden. Mit einer konsequenten Umsetzung der Anforderungen der operativen Geschäftsbereiche durch die IT-Organisation sollten IT-Projekte erfolgreicher abgewickelt, IT-Kosten verringert und Informationssysteme besser an Geschäftsprozesse angepasst werden. Allerdings zeigte sich schnell, dass Veränderungsprozesse in Unternehmen, in denen die IT lediglich dem Business folgt, langsamer sind als in Unternehmen, in denen IT und Business als gleichberechtigte Partner zusammenarbeiten. Wenn einer dem anderen lediglich folgt, können kaum kreative Ideen entstehen. Außerdem treten vermeidbare Fehler auf, die nachträglich korrigiert werden müssen.

Deshalb steht „IT-Business-Alignment" heute i. d. R. für eine fortlaufende, gegenseitige Abstimmung von IT-Organisation und Geschäftseinheiten im Rahmen einer partnerschaftlichen Zusammenarbeit. Daraus resultieren gegenseitiges Vertrauen, Verständnis und Respekt sowie letztendlich ein größerer geschäftlicher Erfolg.

Im Rahmen des IT-Business-Alignments haben sich folgende Instrumente besonders bewährt:

- eine in die Unternehmensstrategie integrierte IT-Strategie,
- IT-Boards (s. Abschn. 5.1),
- ein professionelles Demand-Management,
- Service-Level-Agreements,
- eine verursachungsgerechte Leistungsverrechnung,
- Service-Level-Reviews,
- Kundenzufriedenheitsmessungen,
- Newsletter.

Darüber hinaus sind folgende Maßnahmen zur Verbesserung des IT-Business-Alignments für IT-Organisationen zu empfehlen:

- Durchführung von IT-Projekten nur auf Basis eines abgestimmten Lastenheftes, das am Ende auch zur Projektabnahme herangezogen wird,
- Unterstützung der IT-Mitarbeiter beim Erwerb erforderlicher Geschäftsprozesskenntnisse sowie fachlicher Problemlösungskompetenz, indem ihnen die Möglichkeit zum persönlichen Kennenlernen der Geschäftsprozesse in Schulungen, Workshops, Vor-Ort-Besuchen bzw. während einer zeitweisen Arbeit in den zu betreuenden Geschäftsbereichen gegeben wird,
- Priorisierung von neuen Anforderungen und Projekten nach ihrer geschäftlichen Bedeutung,
- Festlegung von IT-Ansprechpartnern für die verschiedenen Themengebiete und Geschäftsbereiche, um den Informationsaustausch zu optimieren.

5.4 IT-Strategie

Die IT-Strategie als integraler Bestandteil der Unternehmensstrategie ist ein umfassender, mittel- bis langfristiger Plan für die zukünftige Entwicklung der Informationstechnologie im Unternehmen. Er umfasst minimal einen 2-Jahreszeitraum.

Zur Entwicklung einer IT-Strategie sind 2 Bereiche zu analysieren:

- die geschäftlichen Anforderungen an die Informationstechnologie und
- der aktuelle Zustand der Informationstechnologie im Unternehmen.

Hierbei sind alle Facetten des IT-Managements zu betrachten, d. h. Kosten, Personal, Hardware, Software, Lieferanten etc.

Es hat sich bewährt, bei der Analyse die 4 Perspektiven einer Balanced Scorecard zu betrachten:

- Finanzen,
- Markt und Kunden,
- interne Prozesse und
- Mitarbeiterentwicklung.

Als Analyseinstrument kann die SWOT-Analyse (s. Abb. 5.11) verwendet werden, in der aus den aktuellen Stärken und Schwächen sowie den zukünftigen Chancen und Risiken strategische Herausforderungen abgeleitet werden.

Die IT-Strategie wird in einem Dokument schriftlich formuliert und beinhaltet meist folgende Komponenten:

- Grundsätze,
- IT-Architektur mit IT-Applikationen, IT-Infrastruktur, Cloud-Computing (IaaS, PaaS, SaaS) und Mobilität,

	Stärken	Schwächen
Gegenwart	• Welche Kernkompetenzen gibt es? • Wo haben wir einen Wettbewerbsvorteil? • Was läuft gut?	• Welche Anforderungen können wir nicht erfüllen? • Wo sind andere besser? • Was funktioniert schlecht?
	Chancen	**Risiken**
Zukunft	• Wie können wir zukünftig besser werden? • Welche Trends bzw. Entwicklungen ermöglichen uns Verbesserungen?	• Was kann uns daran hindern, Verbesserungen zu erreichen?

Abb. 5.11 SWOT-Analyse

- IT-Services,
- IT-Sourcing,
- IT-Organisation und
- IT-Projekt-Portfolio.

Die Strategie-Grundsätze sind immer unternehmensspezifisch. Sie könnten z. B. lauten:

- Wir gestalten die Geschäftsentwicklung des Unternehmens mit und ermöglichen die Nutzung neuer Marktchancen.
- Zur Wettbewerbsdifferenzierung benötigen wir optimale Geschäftsprozesse, die wir mithilfe unseres gruppenweiten Geschäftsprozessmanagements, harmonisierter Geschäftsprozesse, Organisationsstrukturen und Systeme sowie einer leistungsfähigen IT erreichen wollen.
- Die zentrale IT-Organisation trägt die globale Verantwortung für die IT-Landschaft, das IT-Budget, die IT-Ressourcen, das IT-Equipment und die IT-Services. Sie erbringt Shared Services zur Entlastung operativer Einheiten und verrechnet die Leistungen verursachungsgerecht.

Eine IT-Applikationsstrategie enthält richtungsgebende Entscheidungen wie z. B.:

- Die Komplexität der IT-Landschaft wird insbesondere durch den gruppenweiten SAP-Einsatz reduziert. Die Homogenisierung der IT-Landschaft, die Risikoreduzierung und die Erhöhung der Leistungsfähigkeit der IT sind weitere Kriterien bei Applikationsentscheidungen.
- Mit der Automatisierung unserer Services schaffen wir uns Freiräume für die Einführung neuer Technologien und Lösungen zur Generierung von Zusatznutzen für die operativen Einheiten.

- Wir unterscheiden geschäftskritische Kernapplikationen wie SAP, die hochverfügbar sein müssen, und kleine, standardisierte, periphere Applikationen, die ohne Anpassungen schnell einführbar sind und deren Ausfall unkritisch wäre (IT der 2 Geschwindigkeiten für Flexibilität und Schnelligkeit).
- Der Support unternehmensspezifischer Kernapplikationen (z. B. SAP) erfordert wettbewerbsrelevantes Prozesswissen. Dies verbleibt im Haus und wird durch eigene Mitarbeiter bereitgestellt. Für alle anderen Applikationen wählen wir den jeweils besten Supportanbieter aus.

Eine dazu passende IT-Infrastrukturstrategie wäre beispielsweise:

- Die Reduzierung der Komplexität der IT-Landschaft durch ihre Homogenisierung, die Risikoreduzierung durch das „Least-Privilege-Prinzip" sowie die Kosteneinschränkung bei einer weiteren Erhöhung der Leistungsfähigkeit sind die wichtigsten Kriterien für IT-Infrastrukturentscheidungen. Dafür ist es erforderlich, dass alle IT-Bestellungen von der zentralen IT-Organisation geprüft und freigeben werden, die Auswahl von IT-Lieferanten durch die zentrale IT-Organisation erfolgt und IT-Verträge immer von der zentralen IT-Organisation verhandelt und abgeschlossen werden.
- Das Systemmanagement erfolgt mit SCCM, Active Directory und Nagios.
- Alle Computer, bis auf Entwicklungssysteme, werden in einer Domain betrieben.
- Wir nutzen einen gemeinsamen E-Mail-, Kalender- und Adressbuch-Server.
- Server werden vorzugsweise virtualisiert im Rechenzentrum bereitgestellt, lokale Server außerhalb des Rechenzentrums kommen nur für bandbreitenintensive Anwendungen zum Einsatz.

Cloud Computing ermöglicht die Selbstzuweisung von Leistungen durch Nutzer sowie eine hohe Skalierbarkeit zur Entkopplung von Nutzungsschwankungen und Infrastrukturbeschränkungen. Abgerechnet wird nach tatsächlicher Nutzung. In der Cloudstrategie sind folgende Fragen zu beantworten:

- Welche Serviceebenen sollen wofür genutzt werden? Es gibt „Infrastruktur als ein Service" (IaaS), das heißt eine mittels Virtualisierung skalierbare Infrastruktur, „Plattform als ein Service" (PaaS), eine als Programmierschnittstelle nutzbare Plattform, und „Software als ein Service" (SaaS), das heißt dynamische, verteilte, mandantenfähige Anwendungen mit Webschnittstelle wie z. B. „SAP Cloud for Service".
- Welche Organisationsform, die private, die öffentliche oder die hybride Cloud, soll wofür genutzt werden? In der privaten Cloud könnten beispielsweise Desktops, CRM, ERP, Konzernreporting und in der Public Cloud der Service Desk und ein Lieferantenportal laufen.
- Welche Rahmenbedingungen sind einzuhalten? Dies könnten z. B. deutsches Vertragsrecht und die Gewährleistung von Datenschutz, Informationssicherheit und Compliance mittels Verschlüsselung in der Public Cloud sein.

In der Mobilstrategie werden nachfolgende Festlegungen getroffen:

- Welches Mobilgerätemanagement (MDM) wird eingesetzt?
- Welche mobilen Services sind zu unterstützen? Dies können z. B. das Auftragsmanagement, die Routenplanung sowie das Material- und Ressourcenmanagement sein.
- Welche mobilen Applikationen sind erforderlich?
- Wird eine Back-End-Integration benötigt?
- Welche Inhalte werden mobil benötigt? Dies können z. B. Serviceaufträge, Arbeitszeiten, Materialbestellungen, E-Mails und Präsentationen sein.
- Wie werden IT-Sicherheit und Compliance gewährleistet?

Anzubietende und weiterzuentwickelnde IT-Services (s. auch Abschn. 5.11) sind i. d. R.:

- der ERP-Service,
- der Computerarbeitsplatzservice und
- der Telekommunikations-, Mobilfunk- und WAN-Service.

Im IT-Sourcing ist stets zu prüfen, welche Leistungen von extern zu beschaffen sind, um die eigene Wettbewerbsposition zu verbessern. Vorhandenes Know-how, Kosten und Standardisierungsgrad der Leistung sind bei der „Make-or-Buy"-Entscheidung zu berücksichtigen. Commodity, das heißt Handelsware, lässt sich kostengünstig extern beziehen. So wird die Erhaltung und industriell geprägte Weiterentwicklung der internen Infrastruktur zunehmend von externen Dienstleistern übernommen, die damit Skaleneffekte erzielen.

Eine IT-Sourcing-Strategie kann folgendermaßen aussehen:

- Mit unseren strategischen Lieferanten haben wir Rahmen- bzw. Serviceverträge abgeschlossen, deren Einhaltung mit monatlichen Service-Level-Reports und einer jährlichen Lieferantenbewertung überprüft wird.
- Die Abhängigkeit von einzelnen Lieferanten wird, soweit möglich, durch Multisourcing vermieden.
- Die zentrale IT-Organisation trifft als Verantwortliche für die IT-Landschaft alle IT-Sourcing-Entscheidungen. Die Beschaffung erfolgt in Zusammenarbeit mit dem zentralen Einkauf.
- Unsere strategischen Lieferanten sind:
  - Outsourcing: A41S, Datagroup, Deutsche Telekom, Canon,
  - Hardware bzw. Software: SAP, HP, Microsoft, Oracle,
  - Beratung bzw. Entwicklung: Mebedo, OptiTime, RIB, Quinscape.
- Die nicht unternehmensspezifischen IT-Dienstleistungen werden vorzugsweise vom für uns besten Anbieter bezogen.

In der IT-Organisation wird zunehmend mehr Business-Know-how benötigt, sodass eine entsprechende Personalentwicklung notwendig ist. Bei der Digitalisierung von Unternehmen ist die IT-Organisation als Ideengeberin, Strategin und Umsetzerin gefordert.

Das für die Strategieumsetzung notwendige IT-Projekt-Portfolio ist individuell auf die jeweilige IT-Strategie abzustimmen. Es umfasst die erforderlichen Projekte mit ihren Prioritäten, Abhängigkeiten, Meilensteinen, Verantwortlichen, Ressourcenbedarf, Kosten etc.

Aktuelle, bei der Strategieentwicklung zu berücksichtigende IT- und Business-Trends sind insbesondere:

- Die Digitalisierung von Unternehmen, das heißt die höheren Durchdringung der Geschäftsprozesse mit Informationstechnologie, ermöglicht neue Geschäftsmodelle, neue Umsatzströme, schnellere Markteinführungen, eine höhere Rentabilität, dynamische Wertschöpfungsketten und auf den Kunden optimal zugeschnittene Informationen und Services. Dies basiert auf folgenden Entwicklungen:
  1. Daten sind wertvoll geworden. Sie lassen sie sich zur Steigerung der Wettbewerbsfähigkeit nutzen.
  2. Immer mehr Produkte werden mit elektronischen Sensoren ausgestattet und vernetzt.
  3. Mit der Cloud-Technologie steigt die Anpassungsfähigkeit IT-basierter Services, während die Kostenbindung sinkt.
  4. Mobilitätslösungen stehen bei den IT-Herstellern und in den anwendenden Unternehmen inzwischen meist an erster Stelle.
  5. Kommunikationsmuster ändern sich durch Social-Media-Angebote.

  Mit digitalisierten Geschäftsprozessen lassen sich digitale Services und Produkte realisieren. Auch die Kundenschnittstelle ist mit interaktiven Webshops und Social-Media-Angeboten ausbaubar. Zur Einleitung der Digitalisierung kann in einer SWOT-Analyse ein Überblick über die Potenziale, den digitalen Reifegrad und die Bedrohungen des Unternehmens gewonnen werden, um daraus die notwendigen Maßnahmen abzuleiten und zu priorisieren. Die Digitalisierung ist eine herausfordernde Führungsaufgabe und eine große Chance für die IT, die sich dabei vom ehemaligen Verwalter der Infrastruktur zum Gestalter der Unternehmensstrategie entwickeln sollte.
- Produzierende Unternehmen nutzen zunehmend vernetzte, cyber-physische Systeme, bestehend aus Sensoren, Kommunikationsschnittstellen und Aktoren (s. http://www.industrie40-live.de/). Diese sog. vierte industrielle Revolution bzw. das Zukunftsprojekt „Industrie 4.0“ der deutschen Bundesregierung zeichnet sich durch die Individualisierung bzw. Hybridisierung (d. h. eine nutzenorientierte Bündelung von Industrieprodukten und Dienstleistungen) der Produkte und die Integration von Kunden und Geschäftspartnern in die Geschäftsprozesse aus.
- Smarte, vernetzte Produkte liefern dem Unternehmen neue Kundendaten (in diesem Zusammenhang wird auch oft von „Customer Experience“ gesprochen) und binden Kunden.

- Umfassende Datenanalysen erlauben bessere Entscheidungen. Insellösungen werden von vernetzten Systemen abgelöst. Die Datensammlung erfolgt in Echtzeit und ohne Aggregation, um Auswertungsmöglichkeiten nicht einzuschränken. Für „Big Data" lässt sich ein „Data Lake" aufbauen.
- Flexible IT-Plattformen auf der Basis von Cloud Computing und Virtualisierung unterstützen Innovationen. Unternehmenskritische ERP-Systeme werden i. d. R. weiterhin in der stabilen, besonders geschützten Umgebung eines Rechenzentrums des Unternehmens betrieben.
- Mit agilem Projektmanagement und Lean-Management kann schneller auf veränderte Anforderungen reagiert werden.
- Eine flexible, parallele Zusammenarbeit mit mehreren externen Dienstleistern reduziert Abhängigkeiten und ermöglicht einen optimalen Service.
- Die Sicherheit sämtlicher Daten, Technologien und Prozesse im Unternehmen ist zu gewährleisten. Unternehmen mit digitalen Assets sind verletzlich und müssen vorbeugen.

Eine Übersicht der wichtigsten strategischen Ziele auf einem Blatt (s. Abb. 5.12) ist sehr zu empfehlen, um die IT-Strategie einprägsam vorstellen zu können.

Für die Implementierung ist ein Masterplan erforderlich, dessen Umsetzung schrittweise in Jahresplänen erfolgt. Die Einhaltung der Pläne wird mithilfe von IT-Projektmanagement, IT-Controlling und Zielvereinbarungen unterstützt.

Mit einer Balanced Scorecard (s. Abb. 5.13) lässt sich die Umsetzung der strategischen Ziele zusätzlich anhand der Entwicklung entsprechend ausgewählter Kennzahlen verfolgen.

Strategische Ziele	Erläuterung
Geschäftsprozessoptimierung	• Aufbau einer Prozessberatung • Entwicklung eines Standardprozessmodells • Prozessoptimierungsprojekte
Wachstumsplattform	• Zentrales Stammdatenmanagement und einheitliche Datenstrukturen • Standardprozessmodell • Buchungskreis-Template • Skalierbare Infrastruktur
Betriebssicherheit	• Integration der ERP-Funktionen der Gesellschaften in das ausfallsichere, zentrale SAP-System • IT-Architektur-Management, IT-Sicherheits-Management und IT-Risiko-Management
IPO-Voraussetzungen	• Führendes Hauptbuch nach IFRS • ein gemeinsamer Kostenrechnungskreis
Single Source of Truth	• gemeinsame Datenbasis in einem integrierten Einmandantensystem mit dazugehörigem SAP-BW-Reportingsystem und Standardreports • Echtzeitinformationen über den Geschäftsverlauf mit Drill-Down-Funktionalität

Abb. 5.12 Beispiel einer IT-Strategie im Überblick

- Aktualisierungsintervall: jährlich
- **Kennzahlen:**

	2008	2009	2010 Soll
Finanzen (Unternehmensgruppe)			
• IT-Gesamtkosten / Umsatz	2,5%	2,4%	< 2,1%
• SAP-Kosten / SAP-User	€ 2.863	€ 2.759	< € 2.700
• PC-Kosten / PC-User	€ 1.051	€ 1.012	< € 1.000
Finanzen (Zentralorganisation)			
• IT-Betriebskosten / PC-User	€ 4.290	€ 4.050	< € 4.000
• Innovationsindex (Anteil Entwicklung und Projekte an Gesamtkosten)	19%	25%	> 25%
Internationalisierung und Harmonisierung			
• SAP-User / PC-User (SAP-Durchdringung)	42%	52%	> 55%
• PC-User mit Intranet-Zugang / PC-User (Corporate-Network-Reichweite)	100%	100%	100%
• IT-Architektur-Konformität	69%	75%	> 80%
Prozessoptimierung			
• Desktop-Service-Sofortlösungsquote	62%	70%	> 70%
• Produktivitäts-Veränderung (Anzahl Systeme, Services und neue Leistungen / Mitarbeiter-Anzahl)	+11%	+11%	> +10%
• Projekteffektivität (Einhaltung Termin, Budget, Inhalt)	95%	97%	>97%
• Kundenzufriedenheit	86%	89%	>89%

Abb. 5.13 Beispiel einer Top-Level-Balanced-Scorecard

Steht die IT-Strategie fest, kann auch das zukünftige Betriebsmodell („Target Operating Model") entwickelt werden. Es umfasst eine kurze Beschreibung folgender Komponenten:

- notwendige Prozesse und erforderliche Fähigkeiten,
- Personalbedarf (Qualifikationen, Anzahl, Organisationsstruktur, Verantwortlichkeiten),
- Technologiebedarf (Informationssysteme und Netze),
- Infrastrukturbedarf (Standorte, Gebäude, Räume, Assets und sonstigen Ressourcen),
- vorgesehene Lieferanten und Dienstleister.

5.5 IT-Governance

Die IT-Governance als eine Teildisziplin der Unternehmens-Governance umfasst die Grundsätze, Verantwortlichkeiten und Prozesse zur Steuerung des Umgangs mit Informationstechnologie im Unternehmen, inkl. des dazugehörigen Risiko- (s. Abschn. 5.14) und Compliance-Managements. Mit einem erfolgreichen IT-Business-Alignment (s. Abschn. 5.3) wird im Rahmen der IT-Governance die optimale Unterstützung der Unternehmensstrategie und der Unternehmensziele sichergestellt.

Für die IT-Governance gibt es international akzeptierte Referenzmodelle:

- das CobiT Framework (s. https://de.wikipedia.org/wiki/COBIT),
- das Microsoft Operations Framework (s. https://technet.microsoft.com/en-us/solutionaccelerators/dd320379.aspx),

- die IT-Service-Management-Norm ISO 20000 (s. https://de.wikipedia.org/wiki/ISO/IEC_20000) sowie
- die IT Infrastructure Library (s. https://de.wikipedia.org/wiki/IT_Infrastructure_Library) als IT-Service-Management-Best-Practices-Sammlung.

Zu den typischen IT-Governance-Aufgaben gehören:

- die Entwicklung der IT-Strategie sowie die Steuerung und Überwachung ihrer Umsetzung,
- die Erstellung eines IT-Architekturmodells und des dazugehörigen Bebauungsplans,
- die Entwicklung von IT-Standards und -Richtlinien,
- die IT-Budget-Planung und die Durchführung des gruppenweiten IT-Controllings, des IT-Reportings (intern, extern) sowie des IT-Benchmarkings,
- eine verursachungsgerechte Leistungsverrechnung,
- das Service-Level-Management mit der Vorgabe und Überwachung der Einhaltung von IT-Service-Levels,
- das Demand-Management inkl. der Unterstützung und Beratung der Fachbereiche bei der Festlegung von Anforderungen an neue IT-Lösungen sowie der Auswahl geeigneter technischer Lösungen zur Realisierung neuer Anforderungen,
- die Freigabe, Beschaffung und Bereitstellung von IT-Equipment (HW, SW),
- das Partnermanagement für IT-Services sowie für IT-Hardware und Software-Lizenzen inkl. einem IT-Vertragsmanagement und der Festlegung der IT-Sourcing-Strategie (Eigen- vs. Fremdbezug),
- das IT-Risiko-, IT-Compliance- und IT-Sicherheitsmanagement.

Das IT-Compliancemanagement umfasst die Steuerung und Kontrolle der Einhaltung unternehmensinterner IT-Richtlinien, in denen die gesetzlichen Vorgaben, bewährte Verfahren (Best Practices) und Vereinbarungen mit Kunden und Lieferanten (z. B. bzgl. BSI-Grundschutz und ISO-Zertifizierung) zu berücksichtigen sind.

Die IT-Governance-Aufgaben werden vom CIO, seinem IT-Führungsteam, den IT-Boards und dem CIO-Office mit Partnermanager, Sicherheitsmanager, IT-Controller etc. wahrgenommen.

Mögliche IT-Governance-Grundsätze sind beispielsweise:

- Der CIO entscheidet, in Abstimmung mit den anderen Mitgliedern der Geschäftsleitung der Unternehmensgruppe, über die IT-Strategie, IT-Projekte und das IT-Budget. Er trägt die Gesamtverantwortung für die IT der Unternehmensgruppe.
- IT-Leistungen werden innerhalb der Unternehmensgruppe nach zentral festgelegten Regeln bereitgestellt.
- Die Steuerung der IT innerhalb der Unternehmensgruppe erfolgt durch den zentralen IT-Bereich.
- IT-Investitionen sind stets auf Konformität mit der IT-Strategie, dem IT-Architekturstandard, dem IT-Sicherheitsstandard und dem IT-Budget zu prüfen sowie vom Antragsteller hinsichtlich Nutzen, strategischer Priorität oder gesetzlicher Notwendigkeit zu bewerten.

- IT-Lösungen werden immer auf ihre Einsatzfähigkeit in der gesamten Unternehmensgruppe geprüft. IT-Integration hat Vorrang vor Insellösungen und Standardlösungen haben Vorzug vor Eigenentwicklungen.
- Alle IT-Services werden durch die zentrale IT-Organisation als Shared Services erbracht oder beauftragt. Die Verrechnung der Leistungen erfolgt verursachungsgerecht.
- Alle IT-Services sind, unabhängig von der Art ihrer Erbringung (Eigenerstellung vs. Fremdbezug), nach einheitlichen Maßstäben in Bezug auf die zu erbringenden Service-Levels zu beschreiben und am Markt im Hinblick auf Wirtschaftlichkeit und Qualität zu messen.

Folgende Hilfsmittel (Tools) haben sich bei der Wahrnehmung von IT-Governance-Aufgaben bewährt:

- Im IT-Webshop stehen für Bestellvorgänge alle Produkte aus dem Standard-IT-Warenkorb zur Verfügung. Ein Workflow unterstützt Freigabeprozesse und eine Statusübersicht gibt einen aktuellen Überblick über den Bearbeitungsstand jeder Bestellung.
- Für IT-Projekte gibt es eine Statusübersicht im Intranet. Projektmanager arbeiten mit Projektplänen und wöchentlichen Statusberichten. In Lenkungskreismeetings berichten sie an ihre Auftraggeber.
- IT-Demands, d. h. neue Dienstleistungsaufträge, bearbeitet und überwacht der IT-Demand-Manager. Eine aktuelle Übersicht wird im Intranet veröffentlicht.
- IT-Incidents erfasst und verwaltet der Service-Desk. Mehr als 70 % der Störungsmeldungen bearbeitet der Service-Desk innerhalb von 15 min. Die übrigen Tickets bearbeitet der 2nd-Level-Support. Tickets, die nicht innerhalb der für die jeweilige Priorität vereinbarten Zeit bearbeitet werden, eskalieren automatisch.
- Der monatliche Service-Level-Report informiert über die Einhaltung vereinbarter Service-Levels in der Bereitstellung von IT-Dienstleistungen.
- Mit einer Balanced Scorecard werden weitere Kennzahlen in den Perspektiven Finanzen, Kunden, Prozesse, Mitarbeiter verfolgt.
- Die Ergebnisse interner Kundenzufriedenheitsbefragungen und daraus abgeleitete Korrekturmaßnahmen stehen im Intranet ebenfalls zur Verfügung.
- Monatliche Kostenanalysen nach Dienstleistungen und Leistungsempfängern sowie die verursachungsgerechte Leistungsverrechnung unterstützen dabei, dass die IT-Aufwände innerhalb des vereinbarten Rahmens liegen.
- Kapazitätspläne ermöglichen es, im IT-Solution-Center realistische Terminaussagen für die Umsetzung neuer IT-Demands zu machen.
- Vertretungsregelungen stellen die vereinbarte Verfügbarkeit von IT-Services sicher.
- Wöchentliche Jour-fixe-Meetings mit den IT-Führungskräften dienen dem regelmäßigen Austausch aktueller Informationen.
- In einer Vollmachtenregelung (auch „DoA“ bzw. „Delegation of Authorization“ genannt) werden die Autorisierungs- und Unterschriftsberechtigungen definiert.
- In einer Zuständigkeitsmatrix (s. Abb. 5.14) wird festgelegt, welche grundsätzlichen Aufgaben die einzelnen beteiligten Organisationseinheiten haben.

Die Abb. 5.15 zeigt, wie in einer internationalen IT-Organisation die Aufgaben zwischen zentralen und dezentralen Einheiten aufgeteilt werden können.

Zuständigkeitsmatrix
V = Verantwortung, D = Durchführung, U = Unterstützung, I = Information

Aufgaben		IT	Einkauf	Externer Dienstleister	Standortleiter	Gebäudetechnik
Aktive Infrastruktur-Komponenten (außer dezentrale Telekommunikations-anlagen)	Auswahl, Planung, Einrichtung, Dokumentation, Betrieb, Schutz, Entstörung, Wartung, Änderung und Entsorgung	V/D				U (bedarfs-weise)
	Beschaffung	V	D			
Passive Infrastruktur-komponenten und dezentrale Telekommunikations-anlagen	Auswahl, Planung	V/D				U
	Beschaffung	V	D			I
	Einrichtung, Dokumentation, Änderung, Wartung, Entstörung	V		D		U
	Betrieb, Schutz, Entsorgung	U			V	D
Weitverkehrs-verbindungen (d.h. Anbindung ans Unternehmensnetz)	Bedarfsmeldung	U			V/D	
	Auswahl, Planung, Beschaffung Einrichtung, Dokumentation, Betrieb, Schutz, Entstörung, Wartung, Änderung und Kündigung	V		D	I	

Abb. 5.14 Beispiel einer Zuständigkeitsmatrix

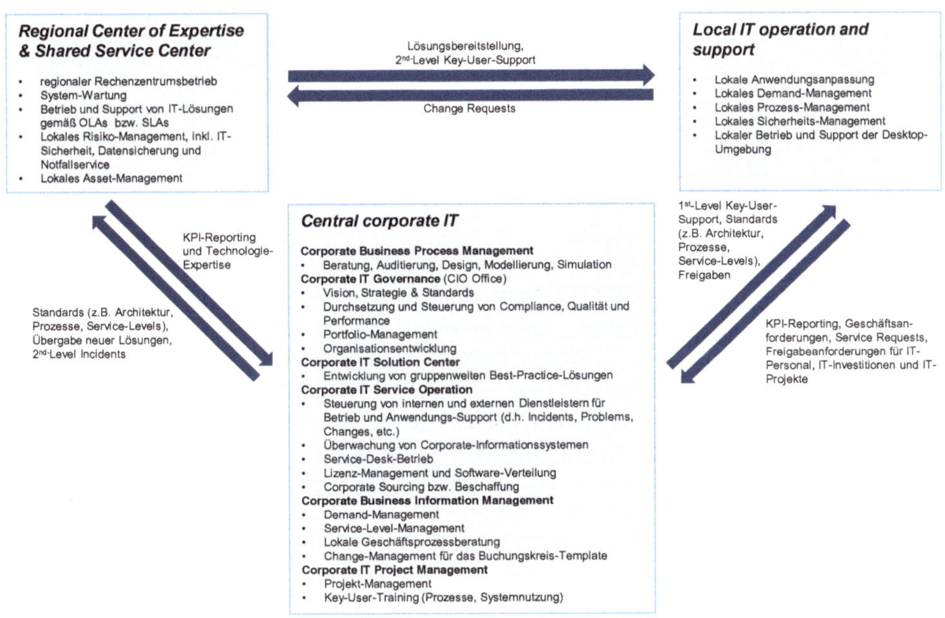

Abb. 5.15 Beispiel einer Aufgabenverteilung in einer internationalen IT-Organisation

IT-Governance-Matrix

Komponente / Schritt	IT–Strategie-Definition	Geschäftsprozess-Standard	IT-Budget und Ressourcen	IT-Architektur-Standard	IT-Investitions-Freigabe	IT-Projekt-Freigabe	IT-Prozess-Standard	IT-Sicherheits-Standard	IT-Sourcing-Regeln und Entscheidungen
Anforderungen und Rahmenbedingungen (Input)	Unternehmensstrategie, geschäftliche & rechtliche Anforderungen, Instandhaltungsbedarf	Unternehmensstrategie, geschäftliche & rechtliche Anforderungen, Best-Practices, Prozessprobleme	IT-Strategie, IT-Ziele, geschäftliche & rechtliche Anforderungen, Instandhaltungsbedarf, Technologie-Trends	IT-Strategie, IT-Ziele, geschäftliche & rechtliche Anforderungen, Instandhaltungsbedarf, Technologie-Trends	Antrag mit Angaben zu Kosten, Nutzen und Notwendigkeit	Antrag mit Angaben zu Kosten, Nutzen und Notwendigkeit	IT-Strategie, IT-Ziele, geschäftliche & rechtliche Anforderungen, Best-Practices (ITIL)	IT-Strategie, IT-Ziele, geschäftliche & rechtliche Anforderungen, Best-Practices (ISO 27001, BSI-Grundschutz)	IT-Standards, IT-Budget, Lieferantenbewertung, Vergleich von Funktionen und Kosten, Vorhandensein von Rahmenverträgen
Abstimmung & Beratung (Consultation)	Business-Information- bzw. Demand-Manager	Business-Information- bzw. Demand-Manager, Prozessexperte der Geschäftseinheit	Lokale, regionale und zentrale IT-Manager	Lokale, regionale und zentrale IT-Manager	Business-Information- bzw. Demand-Manager	Business-Information- bzw. Demand-Manager	Lokale, regionale und zentrale IT-Manager	Lokale, regionale und zentrale IT-Manager	Lokale, regionale und zentrale IT-Manager
Konsolidierung (Consolidation)	Corporate IT-Governance	Corporate Business-Process-Management	Corporate IT-Governance	Corporate IT-Governance	Corporate IT-Governance	Corporate IT-Governance	Corporate IT-Governance	Corporate IT-Governance	Corporate IT-Governance
Prüfung (Checking)	CIO	Vertreter der betroffenen Geschäftseinheit	CIO	Corporate IT-Manager	Corporate IT-Governance (Budget, Standards, etc.)	Corporate IT-Governance (Budget, Standards, etc.)	Corporate IT-Manager	Corporate IT-Manager	Corporate IT-Manager
Entscheidung (Decision)	Geschäftsleitung (Senior Management Board)	Geschäftsleitung (Senior Management Board)	Geschäftsleitung (Senior Management Board)	CIO	Leiter IT-Governance oder CIO oder Geschäftsleitung (Senior Management Board), abhängig von den Ausgaben und der Bedeutung	Leiter IT-Governance oder CIO oder Geschäftsleitung (Senior Management Board), abhängig von den Ausgaben und der Bedeutung	CIO	CIO	Leiter IT-Governance oder CIO oder Geschäftsleitung (Senior Management Board), abhängig vom Volumen und der Bedeutung

Abb. 5.16 Beispiel einer IT-Governance-Matrix

Tab. 5.4 Beispiel für Abstimmungsregeln

Regeln der Zusammenarbeit	
Thema	Beschreibung
Projekte	Zur Freigabe von IT- und Telekommunikationsprojekten (d. h. Systemänderungen mit erwarteten Aufwänden von 10.000 € oder mehr) ist vom Antragsteller eine Projektbeschreibung in einem Standardformular bei der zentralen IT-Organisation einzureichen Folgende Informationen sind erforderlich: • Ziele, Kosten, Nutzen, Rendite (Return On Investment bzw. ROI), • strategische und operative Bedeutung, • Risiken, • Budget, • Meilenstein-Terminwünsche und • sonstige Rahmenbedingungen Die Renditeermittlung entfällt, wenn ein Projekt aus rechtlichen oder sachlichen Gründen unumgänglich ist
Erwerb von Hardware, Software und dazugehöriger Wartung	Jede beabsichtigte Abweichung von gültigen Unternehmens-IT-Standards erfordert eine Freigabe durch die zentrale IT-Organisation. Auch für den Erwerb von Hardware bzw. Software sowie dazugehörigen Services wie Wartungsverträgen ist ab 10.000 € eine Freigabe durch die zentrale IT-Organisation notwendig. Dies gilt auch, wenn Leasing zur Finanzierung vorgesehen ist

(Fortsetzung)

Tab. 5.4 (Fortsetzung)

Regeln der Zusammenarbeit	
Thema	Beschreibung
Vergabe von Dienstleistungsaufträgen	IT- und Telekommunikationsservices sind immer zuerst bei der der zentralen IT-Organisation anzufragen. Beauftragungen anderer Dienstleister, insbesondere beim Outsourcing, dürfen nur nach eine Freigabe durch die zentrale IT-Organisation erfolgen
Personalveränderungen	Für mehr als geringfügige Veränderungen der Mitarbeiteranzahl mit Aufgaben auf dem Gebiet der Informations- und Telekommunikationstechnologie, ihres Einkommensniveaus sowie die Anerkennung der Eignung von Bewerbern für IT-Managementpositionen ist eine Freigabe durch die zentrale IT-Organisation erforderlich

Die Entscheidungswege lassen sich in einer IT-Governance-Matrix (s. Abb. 5.16) beschreiben.

Mögliche Abstimmungsregeln für Tochtergesellschaften mit der zentralen IT-Organisation enthält Tab. 5.4.

5.6 IT-Architektur

Der Begriff „Architektur“ ist ein Synonym für die Baukunst und beinhaltet die Festlegung einer Grundstruktur.

Als IT-Architektur wird ein konzeptioneller Rahmen für die IT-Infrastruktur und die darauf aufbauenden IT-Applikationen verstanden. Er umfasst Richtlinien zur Gewährleistung eines konsistenten Ganzen, berücksichtigt verschiedene Abstraktionsebenen und ist auf das Design, die Auswahl, die Entwicklung, die Implementierung, die Wartung und das Management der IT-Infrastruktur und der IT-Applikationen anzuwenden.

Abb. 5.17 zeigt die technischen Ebenen einer IT-Architektur.

Mit der IT-Architektur erfolgt eine einheitliche strategische Ausrichtung der IT-Landschaft, um die Zukunftsfähigkeit der IT und des Unternehmens sowie die Investitionssicherheit bei Neuanschaffungen von Informationssystemen zu gewährleisten.

Im Einzelnen sind folgende Effekte zu erwarten:

- eine sichere Erfüllung zukünftiger geschäftlicher Anforderungen,
- richtige Investitionen zum richtigen Zeitpunkt,
- Kostenreduzierungen durch Konsolidierungen bei gleichzeitiger Verringerung der Vielfalt eingesetzter Hardware, Software und Schnittstellen, durch einheitliche Technologien sowie durch eine Sicherstellung der Wirtschaftlichkeit und Integrationsfähigkeit neuer Komponenten,
- eine höhere Verfügbarkeit, Leistungsfähigkeit, Service-Qualität und IT-Sicherheit,
- die Ermöglichung harmonisierter Prozesse.

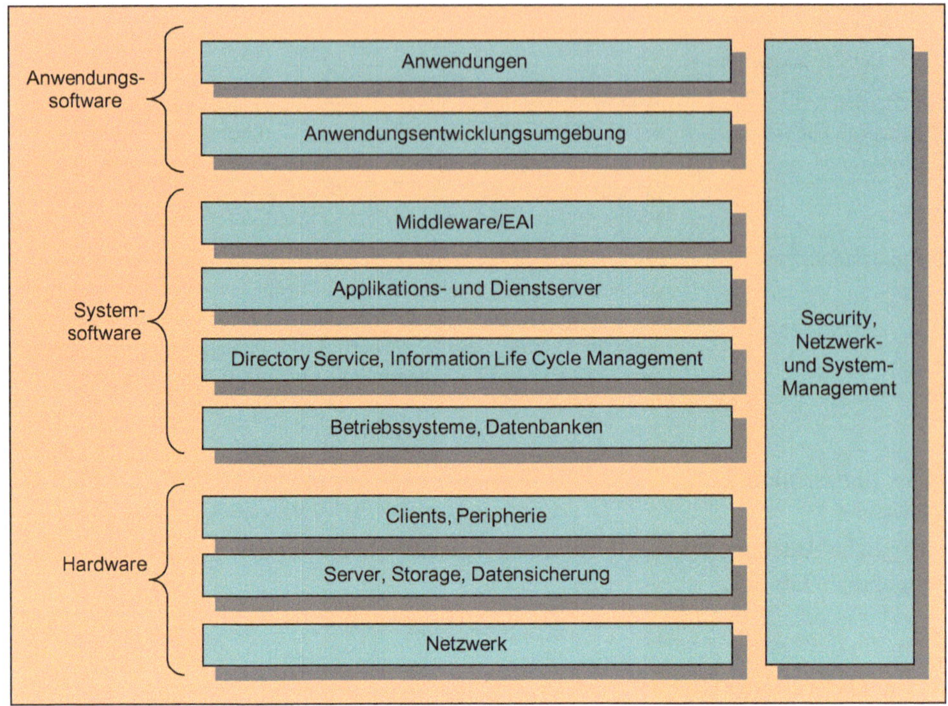

Abb. 5.17 Technische Ebenen einer IT-Architektur

Im Einzelnen sind folgende Effekte zu erwarten:

- eine sichere Erfüllung zukünftiger geschäftlicher Anforderungen,
- richtige Investitionen zum richtigen Zeitpunkt,
- Kostenreduzierungen durch Konsolidierungen bei gleichzeitiger Verringerung der Vielfalt eingesetzter Hardware, Software und Schnittstellen, durch einheitliche Technologien sowie durch eine Sicherstellung der Wirtschaftlichkeit und Integrationsfähigkeit neuer Komponenten,
- eine höhere Verfügbarkeit, Leistungsfähigkeit, Service-Qualität und IT-Sicherheit,
- die Ermöglichung harmonisierter Prozesse.

Die Entwicklung der IT-Architektur lässt sich mit der Planung einer Stadt vergleichen. So gibt es auch einen Bebauungsplan für die IT-Landschaft. Begonnen wird mit einer Bestandsaufnahme. Durch einen Vergleich des Ist-Zustandes mit der Soll-Architektur lässt sich später der Handlungsbedarf ableiten. Die Ergebnisse der Bestandsaufnahme fließen in den Bebauungsplan mit ein. Der Bebauungsplan dokumentiert die aktuelle IT-Landschaft und legt den Übergang zur zukünftigen IT-Landschaft fest.

Bei der Definition der Soll-Architektur sind folgende Komponenten zu berücksichtigen:

- die auf der Unternehmensstrategie und den Unternehmenszielen basierende IT-Strategie,
- das Geschäftsprozessmodell des Unternehmens,
- der Ist-Zustand der IT-Infrastruktur und der IT-Applikationen,
- bewährte Verfahren (Best Practices),
- verfügbare Technologien, Technologie-Trends, Standards, Anbieter und Produkte,
- gesetzliche Vorgaben,
- relevante Vereinbarungen in Verträgen mit Kunden und anderen Geschäftspartnern.

Die Beantwortung folgender Fragen kann beim Entwurf der IT-Architektur helfen:

- Welche Anforderungen muss die Informationstechnologie erfüllen?
- Welche Systeme unterstützen gegenwärtig die Geschäftsprozesse?
- Sind sie effektiv, d. h. erfüllen sie die Anforderungen der Anwender ausreichend, und effizient, d. h. sind sie wirtschaftlich in der Leistungserbringung?
- Werden die richtigen Technologien eingesetzt?
- Sind die dafür notwendigen Kenntnisse und Fähigkeiten („skills") vorhanden?
- Wie werden sich die Rahmenbedingungen in den nächsten Jahren voraussichtlich ändern?

Einige aktuell zu berücksichtigende Architektur- und Technologie-Trends enthält Tab. 5.5.

Nach der Festlegung von IT-Architekturgrundsätzen (s. Tab. 5.6) werden die Standard-IT-Lösungen für die verschiedenen Prozessschritte des Geschäftsprozessmodells definiert.

Zu einzelnen technischen Ebenen (s. Abb. 5.17) der IT-Architektur können auch Richtungsentscheidungen (s. Tab. 5.7) getroffen werden.

Zur Definition erforderlicher Standard-IT-Systeme bzw. Standard-IT-Applikationen werden sie in Beziehung gesetzt zu den für das Geschäft maßgeblichen Elementen (s. Abb. 5.18 und 5.19).

Mit dem Geschäftsprozessmodell als Referenz entsteht eine Sicht auf die IT-Architektur, in der die an der Ausführung von Geschäftsprozessen beteiligten Applikationen und Systeme dargestellt werden. Dies umfasst die Managementprozesse, die Kernprozesse und die Supportprozesse. Ein Beispiel zeigt Abb. 5.19.

Auch die IT-Organisation selbst benötigt Systeme zur Unterstützung ihrer Serviceprozesse wie beispielsweise für das IT-Service-Management, inkl. Incident-, Problem-, Change- und Asset-Management, die Service-Planung, das IT-Projektmanagement, die Service-Zeiterfassung, die Leistungsverrechnung, das System- und Netzwerkmanagement, das Computerarbeitsplatzmanagement mit Softwareverteilung etc.

Ein weiterer Bestandteil der IT-Architektur ist die Festlegung von Produktstandards (s. Tab. 5.8 und 5.9).

Tab. 5.5 Einige Architektur- und Technologie-Trends

Trend	Beschreibung
Hybride Infrastruktur	Die Verknüpfung der unternehmensinternen IT-Landschaft mit öffentlichen Cloud-Lösungen ermöglicht eine große Flexibilität. Unternehmenskritische Anwendungen bleiben unter eigener Kontrolle im eigenen Rechenzentrum, während andere Anwendungen sowie Entwicklungs- und Testumgebungen bei Bedarf aus der öffentlichen Cloud hinzugebucht werden können. So lassen sich Geschäftsprozesse schneller an neue Anforderungen anpassen und Leistungsengpässe der Infrastruktur vermeiden. Eine Management-Plattform muss die verschiedenen, miteinander verknüpften On-Premise-, SaaS-, PaaS- und IaaS-Komponenten überwachen. Daten sind in der öffentlichen Cloud mit Verschlüsselungstechnologien zu schützen
Software as a Service	Standardanwendungen lassen sich kostengünstig und schnell aus der Cloud beziehen. Dort wird Software von vielen Dienstleistern auf Mietbasis zur Nutzung zur Verfügung gestellt
Industrie 4.0	Die digitale Vernetzung von Wertschöpfungsketten ermöglicht schnellere Reaktionen auf veränderte Anforderungen. In smarten, vernetzten Fabriken können Maschinen permanent miteinander kommunizieren und über Sensoren gesammelte Informationen auswerten, um schnelle und kostengünstige Fertigungsprozesse zu ermöglichen. Je stärker vernetzt die Daten, Prozesse und Maschinen sind, desto enger müssen Teams aus den unterschiedlichen Disziplinen miteinander kooperieren. Abhängigkeiten, Fehler und Optimierungsmöglichkeiten sollten über alle miteinander vernetzten Systeme hinweg, von der Maschine bis hin zum Kunden, schnell erkannt werden
Big Data	Die größte Herausforderung des Internets der Dinge ist der Umgang mit der anfallenden Masse an Daten. Mit dem zielgerichteten Einsatz neuer Analyseverfahren für große Datenmengen werden schnellere und bessere geschäftliche Entscheidungen ermöglicht. Dazu sind interne und externe Daten in Echtzeit miteinander zu kombinieren und fehlende, falsche oder doppeldeutige Daten zu neutralisieren. Dafür werden Data-Science-Spezialisten benötigt, die aus großen Datenmengen die benötigten Informationen generieren und Handlungsempfehlungen ableiten. Mit den Daten lassen sich Abweichungen analysieren und Wege finden, wie Unternehmen ihre wirtschaftlichen Ziele schneller und kostengünstiger erreichen oder ihre Wettbewerbsposition verbessern können. Sie helfen, Kunden besser zu verstehen und Produkte und Services schneller an aktuelle Trends anzupassen
Arbeitsplatz der Zukunft	Bestens vernetzte Arbeitsplätze bzw. nahtlos integrierte Umgebungen ermöglichen eine einfachere Kommunikation trotz zunehmender Mobilität. Sowohl auf Smartphones als auch mit Laptops sind aus den Anwendungen heraus Telefonate, Videokonferenzen und Online-Chats aufrufbar, Dokumente lassen sich in Teams gemeinsam bearbeiten und verwalten und eine mehrfache Datenerfassung oder manuelle Datenübertragung in Applikationen gehören der Vergangenheit an
Design Thinking	Mit einem Produktdesignprozess, der auf der Innovationsarbeit multidisziplinärer Teams basiert, richten Unternehmen ihre Produkte und Dienstleistungen stärker am Kunden aus. Dafür entstehen Innovation Labs, in denen Mitarbeitern unterschiedlicher Disziplinen Ideen entwickeln

Tab. 5.6 Mögliche Architekturgrundsätze

Thema	IT-Architekturgrundsätze
Allgemein	• Die zukünftige IT-Landschaft soll so zentral, einfach und integriert wie möglich sowie ausreichend flexibel und wirtschaftlich sein • Die IT-Architektur sollte stets state-of-the-art sein, ohne jedoch unnötige Risiken zu beinhalten • Bei neuen Lösungen ist darauf zu achten, dass sie mit den vorhandenen Standardsystemen und Applikationen kompatibel sind und nicht unnötig groß und komplex werden • IT-Integration hat Vorrang vor Insellösungen und Standardlösungen werden gegenüber Eigenentwicklungen bevorzugt • Beschaffungen von Hardware, Software und IT-Dienstleistungen laufen immer über die IT-Organisation. Alle Fachbereiche wenden sich diesbezüglich an die IT-Organisation • Externe IT-Dienstleister werden stets von der zentralen IT-Organisation gesteuert
Software	• Zukünftig werden innerhalb der Unternehmensgruppe nur noch einheitliche Software-Plattformen (inkl. Datenbanken) eingesetzt • Standardsoftware (z. B. SAP ERP 6.0) hat Vorrang vor Eigenentwicklungen und darf nur insoweit angepasst werden, dass die Releasefähigkeit erhalten bleibt • Der Betrieb serverbasierter Software (z. B. Archiv, CRM, Data Warehouse, DMS, ERP, E-Mail- und Kalenderserver, Intranet-Webserver, Internet-Zugang, Management System, PLM) erfolgt in zentralen, klimatisierten, geschützten Rechenzentren. Dezentral laufen lediglich File- und Printserver, allerdings auch nur dann, wenn die Bandbreite für den Zugriff auf eine Zentralinstallation zu gering ist. Trotzdem muss der Zugangsschutz immer gewährleistet werden • Unternehmenskritische Anwendungen erfordern zuverlässig geschützte Rechenzentren. Andere Standorte sind in diesem Fall absolut unzulässig • Standardanwendungen, die sich in das zentrale Rechenzentrum verlegen lassen, werden zukünftig dort betrieben • Für PCs und Laptops erfolgt eine zentrale Softwareverteilung und ein zentrales Softwaremanagement • Standardarbeitsplätze werden einheitlich ausgerüstet (z. B. mit MS-Office) • Für den Firmennetzzugriff aus dem Internet ist eine sichere Authentifizierung zwingend erforderlich • Übergänge in fremde, unsichere Netze sind immer mit einer Application-Level-Firewall abzusichern • Neue serverbasierte Anwendungen werden stets mit einem Webinterface ausgestattet (Gründe: Realtime Enterprise, Portalintegration, Supportaufwand) • Bei der Auswahl neuer Softwarelösungen sind Open-Source-Lösungen gleichberechtigt zu kommerziellen Lösungen in die Betrachtungen mit einzubeziehen. Wichtig ist außerdem, dass auch die Sicherheitshistorie mit berücksichtigt wird • Zur Reduzierung des Supportaufwands wird angestrebt, für Büroarbeitsplätze mit geringen, weitgehend gleichbleibenden Anforderungen Server-based Computing (d. h. Terminal Services) einzusetzen

(Fortsetzung)

Tab. 5.6 (Fortsetzung)

Thema	IT-Architekturgrundsätze
Hardware	• Als Server kommen, aufgrund hoher Verfügbarkeitsanforderungen, nur Markenprodukte zum Einsatz • Neue Endgeräte (d. h. PCs, Smartphones, Laptops und Drucker) müssen der vorgegebenen Standardkonfiguration entsprechen • Netzwerkdrucker werden gegenüber Arbeitsplatzdruckern bevorzugt. Letztere kommen nur in Home-Offices und dort, wo häufig vertrauliche Dokumente zu drucken sind, zum Einsatz • Für geschäftskritische Komponenten sind Disaster-Recovery-Vorkehrungen zu treffen
Netze	• Die Planung des globalen WAN erfolgt durch die zentrale IT-Organisation • Wir nutzen eine vermaschte WAN-Struktur • Es kommen einheitliche Netzwerkkomponenten zum Einsatz • Nach der erforderlichen Bereinigung des IP-Adressraumes der Unternehmensgruppe wird überprüft, wann ein Umstieg auf IPv6 sinnvoll wäre. Bei Neuanschaffungen von Netzwerkkomponenten ist bereits darauf zu achten, dass der zukünftige Umstieg nicht unnötig behindert wird • Aus Kostengründen werden neue WAN-Verbindungen mit geringen Bandbreitenanforderungen bevorzugt als VPN realisiert. Als Standardprotokoll dient „IPsec", aber „SSL" bzw. „TLS" ist im Zusammenhang mit einer sicheren Authentifizierung für den Client-Zugang zum Unternehmensnetz ebenfalls zulässig • Werden für geschäftskritische Applikationen garantierte Bandbreiten benötigt, erfolgt ein Anschluss an das MPLS-basierte Unternehmensnetz • Für kritische WAN-Verbindungen ist stets eine Back-up-Leitung vorzusehen oder zumindest eine Ersatzkomponente vorzuhalten („cold standby") • LANs werden als geswitchtes Netz in Form eines Fast- bzw. Gigabit-Ethernet-Busses realisiert. Server sind mit 1 Gbit/s (alternativ mind. 100 Mbit/s) anzuschalten. Endgeräte werden mit 10 oder 100 Mbit/s angeschlossen. Für wichtige LAN-Komponenten sind USV und Redundanz erforderlich • Zur Unterstützung von VoIP sind Netzwerkkomponenten mit PoE-Feature zu beschaffen • In WLAN sind alle gängigen Sicherheitsvorkehrungen zu nutzen (d. h. Abschaltung SSID-Broadcast, Einstellung einer eigenen SSID, Verschlüsselung, minimal mit 128 Bit WPA2, MAC-Adressen-Filterung). Pro Access Point nach IEEE 802.11g (d. h. mit 54 Mbit/s) sind optimal 2 und maximal 4 PC-User vorzusehen • Illegale, nicht von der IT-Organisation offiziell eingerichtete und abgesicherte Netzwerkzugänge gefährden die Sicherheit aller IT-Systeme. Sie sind konsequent aufzuspüren und zu beseitigen • Das Netzwerk- und Systemmanagement erfolgt zentral durch die IT-Organisation

Tab. 5.7 Ein Beispiel für IT-Architektur-Richtungsentscheidungen

Kategorie	Standardfestlegung
Server-based Enterprise Resource Planning	Unser zentrales SAP-System deckt wesentliche Teile der Geschäftsprozesse ab. Es ist unsere strategische ERP-Plattform
Client-based applications	Microsoft-Lösungen stellen unsere Kernanwendungsumgebung für Computerarbeitsplätze dar
Corporate wide area network (WAN)	Wir nutzen ein voll vermaschtes Netz auf der Basis von MPLS
Landline and mobile phone service	Bis Ende 2017 erfolgt eine Umstellung auf VoIP sowie eine Integration in unser Datennetz

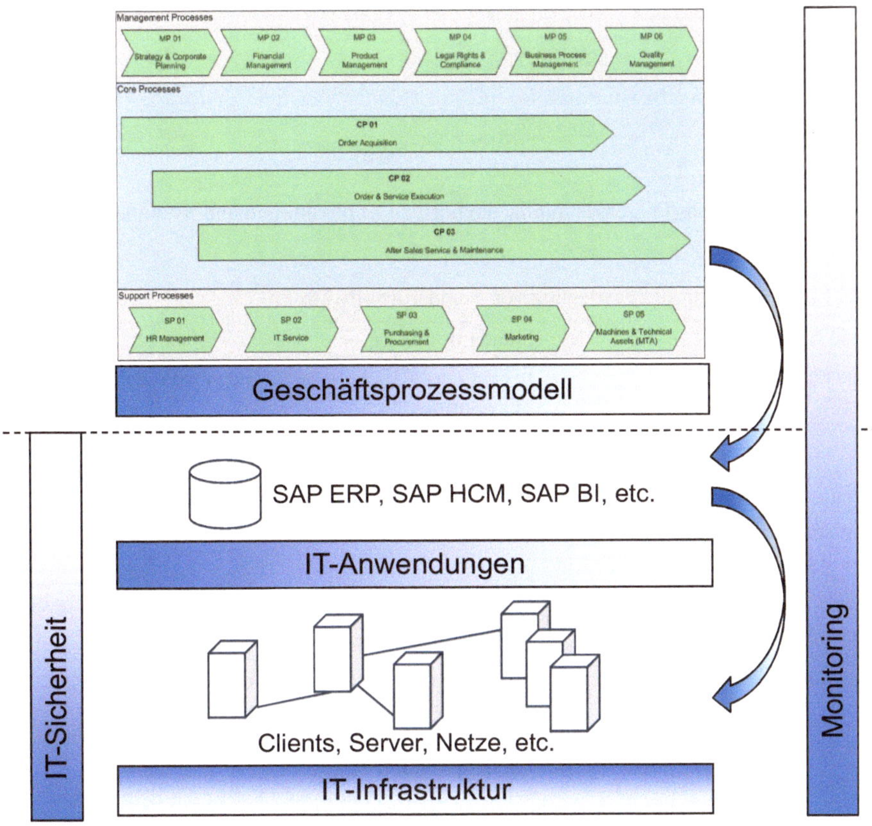

Abb. 5.18 Geschäftsprozessmodell und IT-Architektur-Domänen

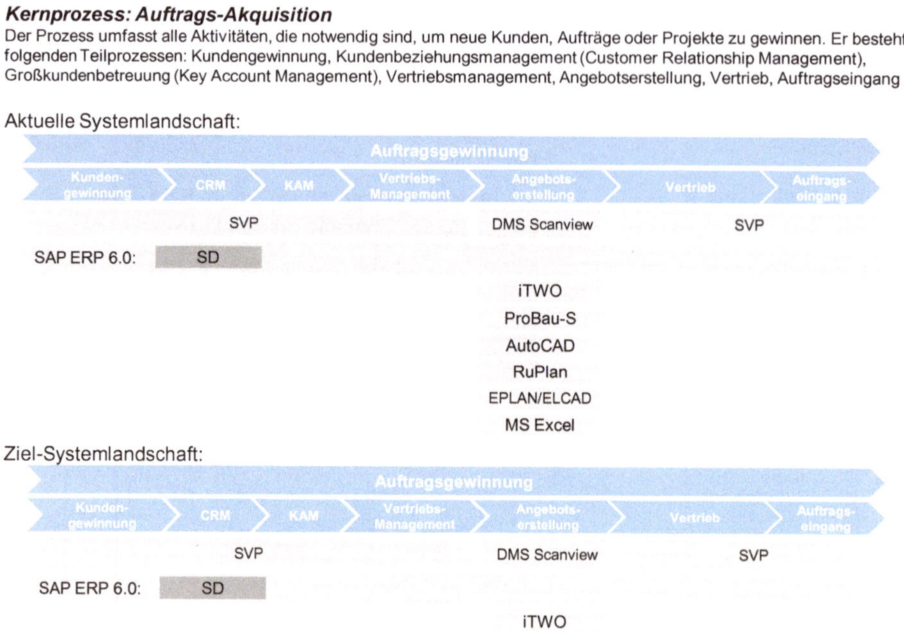

Abb. 5.19 Beispiel eines Prozesses mit dazugehörigen Applikationen und Systemen

Tab. 5.8 Ein Beispiel für die Festlegung von Standard-Software

Kategorie	Standardprodukt
Angebotskalkulation	• iTWO der RIB Software AG für die Kalkulation von Großprojekten • ProBau/S der Husemann & Fritz EDV-Organisations- und Beratungs GmbH für die Kalkulation von Bauprojekten
Automatische Buchung von Zahlungs-avisen und Kontoauszügen	• Autobank der Hanse Orga AG als SAP-Add-On
Barcode-Scanner	• ETI Scan der Etiscan Identifikationssysteme GmbH
Bewerbermanagement	• d.vinci der d.vinci HR-Systems GmbH
CAD	• ELCAD der AUCOTEC AG für die Projektierung elektrischer Anlagen • RuPlan der AUCOTEC AG für die rechnergestützte Schaltplanerstellung • AutoCAD der AutoDesk Inc. für die Erstellung technischer Zeichnungen • EPLAN der EPLAN Software & Service GmbH & Co. KG für die Projektierung elektrotechnischer Anlagen
Cash- und Liquiditätsmanagement	• Moneta der Hanse Orga AG als SAP-Add-On
CMS	• Weblication der Scholl Communications AG

(Fortsetzung)

Tab. 5.8 (Fortsetzung)

Kategorie	Standardprodukt
Datenaustausch mit Finanzamt und Krankenkassen	• ELSTER für die elektronische Übermittlung von Steuerdaten • Dakota.ag der ITSG GmbH zur elektronischen Datenübermittlung an Krankenkassen
DMS	• ScanView der Allgeier IT Solutions GmbH
E-Procurement	• Smartbuy von Onventis
ERP- und HR-System	• SAP SD, MM, FI, CO, PS, LO, BW, ETM, HCM-PA/PT/PY der SAP SE
Konzernreporting	• Cognos TM1 von IBM
Office	• Microsoft Office 365 zur Textverarbeitung, Tabellenkalkulation, Präsentation und für persönliche Datenbanken
Projektplanung	• Microsoft Project, Primavera Enterprise PPM
Qualifikationsmanagement	• Perbit der Perbit Software GmbH
Rechnungseingangsprüfung	• DOXiS Invoice Master der SER Solutions Deutschland GmbH
Zeiterfassung	• OptiTime der OptiTime GmbH & Co. KG für stationäre und mobile Zeiterfassungen • Bedatime der Bavaria Zeitsysteme GmbH für kombinierte Zeiterfassungen und Zutrittssteuerungen

Tab. 5.9 Ein Beispiel für die Festlegung von Standard-Hardware

Kategorie	Standard-Produkt
Clients	• Notebook mit 14 Zoll Display: HP ProBook 640 G1 • Notebook mit 15,6 Zoll Display: HP ProBook 650 G1 • Ultrabook mit 14 Zoll Display: HP ZBook 14 G2 • Desktop-Computer: HP EliteDesk 800 G1 SFF • Thin-Client: Dell Wyse 5020 thin client • Workstation: HP Z230 Workstation
Monitore	• HP EliteDisplay E242 24-Zoll
Drucker	• Multifunktion S/W A4: Canon iR1133iF, Canon iR1730i • Multifunktion Farbe A4: Canon i-SENSYS MF8550Cdn, Canon IR ADV 5235i • Einzelplatz A4: HP OfficeJet 100, Canon LB6680x • Einzelplatz A3: Brother MFC J6710/6720, Epson Workforce 7610
Smartphones	• Samsung Galaxy S5 mini, Samsung Galaxy XCover 3
Server	• Lokale Standort-Server: HP ProLiant ML350p
LAN-Switches	• HP 2530 mit 24 und 48 × 10/100/1000-PoE + -Anschlüssen
WLAN-Access-Points	• Linksys WRT54GL

Eine IT-Architektur kann nicht dauerhaft unverändert bleiben. Sie muss in bestimmten Abständen überprüft und bei Bedarf an neue geschäftliche Anforderungen angepasst werden. Dazu ist ein IT-Architekturmanagement erforderlich. Es beinhaltet die Entwicklung, Kommunikation, Durchsetzung und Überwachung von Entscheidungen und Maßnahmen zur Veränderung von Architekturelementen innerhalb eines definierten Lebenszyklus. Mit einem IT-Architektur-Board (s. Tab. 5.2: IT-Boards) als Entscheidungsgremium lässt sich die Einbeziehung von Vertretern der verschiedenen Geschäftseinheiten in wesentliche Architekturentscheidungen sicherstellen.

5.7 IT-Standards

Die Informationstechnologie gehört zu den Produktionsmitteln von Unternehmen. Ihre Qualität trägt zum Unternehmenserfolg bei. Um die geschäftlichen Anforderungen zu erfüllen, muss die IT-Landschaft stabil, ausreichend verfügbar, gut geschützt und wirtschaftlich sein. Dies geht nur mit einer konsequenten Standardisierung der IT-Prozesse und der IT-Services. Die Leistungen sind standardisiert und reproduzierbar zu erbringen, um einen verlässlichen Betrieb der IT-Landschaft zu gewährleisten. Auf dieser Grundlage können dann auch Service-Level-Agreements und Key-Performance-Indicators (KPIs) eingeführt werden, die die Qualität der IT-Services messbar machen. Mit den in der IT-Infrastructure-Library (ITIL) beschriebenen „Best Practices" sowie der darauf basierenden Norm ISO 20000 für professionelles IT-Service-Management gibt es gute Hilfsmittel für die Festlegung der Standards für IT-Services bzw. IT-Prozesse.

Auch die IT-Sicherheit erfordert Regeln und die Verlässlichkeit von Prozessen. Die Kommunikationswege zur Nutzung von Unternehmensanwendungen sowie von Internet, E-Mail und Telefonen dürfen nicht ausfallen und Daten nicht verloren gehen. In dem Maße, in dem Daten für den Unternehmenserfolg wichtiger geworden sind, wurden sie auch für Cyberkriminelle wertvoller. Der IT-Sicherheitsstandard ist eine wichtige Maßnahme zur Risikoreduzierung. Abweichungen sind Risiken, die zu Schäden und Sanktionen führen können. Zur Unterstützung der Definition von IT-Sicherheitsstandards gibt es die IT-Grundschutzkataloge des BSI [10] und die Norm ISO 27001. Im Standard ist ein Sicherheitskonzept mit vorbeugenden und schadensbegrenzenden Schutzmaßnahmen zu beschreiben. Ausgehend von der Überlegung, was schützenswert ist und welche Folgen ein Verlust hätte, werden die erforderlichen Schutzmaßnahmen festgelegt. Die IT-Grundschutzkataloge des BSI sind dabei ein wertvolles Hilfsmittel. Sie beschreiben sowohl die möglichen Gefährdungen als auch die geeigneten Gegenmaßnahmen. Eine besonders wirksame Schutzmaßnahme ist die konsequente Anwendung des „Least Privilege"-Prinzips. Jeder bekommt nur die Rechte, die er für seine Arbeit unbedingt braucht. Administrationsrechte außerhalb der IT-Organisation sind ein unnötiges Sicherheitsrisiko. Mobile Geräte sollten nur Zugriff auf zwingend erforderliche Daten erhalten. Ihre geschäftliche Kommunikation und die gespeicherten Geschäftsdaten sind mit Verschlüsselungstechniken zu schützen. Die Aufklärung über das richtige, sicherheitsbewusste Verhalten ist eine der wichtigsten Sicherheitsmaßnahmen, da Mitarbeiterfehler am häufigsten zu

Datenverlusten führen und erfolgreiche Angriffe oft erst möglich machen. Zugriffsrechte sind nach einheitlichen Regeln zu gewähren. Passwörter müssen ausreichend sicher sein. Dies ist mit systemseitigen Prüfungen abzusichern. In einem Notfallplan ist festzulegen, wer welche Aufgaben im Problemfall übernimmt, um schnell reagieren und eine Schadensausbreitung vermeiden zu können. Nicht zu vergessen sind beim Sicherheitskonzept auch die angebundenen Systeme der Geschäftspartner. Sind sie unsicher oder erfolgt die Kommunikation mit ihnen ungeschützt, dann nützen alle anderen Maßnahmen wenig.

Eine standardisierte Leistungserbringung trägt auch zur Wirtschaftlichkeit der Informationstechnologie bei. Kosten werden zuverlässig planbar. Service-Level-Agreements, KPIs und eine verursachungsgerechte Leistungsverrechnung verbessern die Transparenz für die IT-Anwender. Aufwand und Nutzen lassen sich einfacher vergleichen.

Die Qualität der Informationstechnologie eines Unternehmens hängt also stark vom Grad ihrer Standardisierung ab, die die Prozesse verbessert und stabilisiert, die IT-Sicherheit erhöht und die Kosten transparent macht.

IT-Standards legen einheitliche Vorgehensweisen bzw. technische Lösungen für ihren Geltungsbereich fest. Mit einer Beschreibung von bewährten Verfahren (Best Practices) sichern sie erreichte Verbesserungen ab (s. Tab. 4.1: iterativer Problemlösungsprozess).

Tab. 5.10 gibt einen Überblick über die wichtigsten IT-Standards. Je nach Bedarf können weitere hinzukommen.

Tab. 5.10 IT-Standards

Bezeichnung	Erläuterung
Corporate Security Policy	• Jeder einzelne Mitarbeiter trägt mit seinem sicherheitsbewussten Verhalten zur Gewährleistung der Sicherheit bei. Dies ist außerordentlich wichtig, denn ein Netz kann nur so sicher sein wie das schwächste Glied in der Kette • Die Corporate Security Policy ist von jedem Mitarbeiter der Unternehmensgruppe sowie von Fremdpersonal, das Zugriff auf Informationstechnologie hat, einzuhalten • Die darin beschriebenen Regeln umfassen: Verantwortlichkeiten, Einweisungen, den richtigen Umgang mit Computern, die Verwendung von Passwörtern, die sichere Nutzung von E-Mail und Internet, den Virenschutz und die Datensicherheit
IT-Architektur	• Der Standard legt die IT-Architektur der Unternehmensgruppe fest. Sie enthält Rahmenvorgaben für die Gestaltung der IT-Infrastruktur und der darauf aufbauenden IT-Applikationen (s. Abschn. 5.6) • Damit erfolgt eine einheitliche strategische Ausrichtung der IT-Landschaft, um ihre Zukunftsfähigkeit sowie die Investitionssicherheit bei Neuanschaffungen von Informationssystemen zu gewährleisten
IT-Prozesse	• Der Standard beschreibt die grundsätzlichen Soll-Abläufe. Dies ist eine wesentliche Voraussetzung für die Gewährleistung einer vereinbarten Servicequalität. Er gilt für alle IT-Mitarbeiter der Unternehmensgruppe • Ein IT-Prozessmodell, das auf ITIL (s.https://www.mitsm.de/itil und http://de.wikipedia.org/wiki/IT_Infrastructure_Library) basiert, kann die in Abb. 5.20 dargestellten Bausteine umfassen. Die Beschreibung der einzelnen Prozesse ist wie in Abb. 5.21 möglich

Tab. 5.10 (Fortsetzung)

Bezeichnung	Erläuterung
IT-Sicherheit	• Die im Standard enthaltenen Regeln dienen der Gewährleistung einer angemessenen Sicherheit von mittels Informationstechnologie bereitgestellten Informationen. Der Standard ist ein Bestandteil des Risikomanagements von Unternehmen und umfasst die Aspekte Vertraulichkeit (d. h. Datenzugriff nur für Berechtigte), Integrität (d. h. Unversehrtheit und Korrektheit der Daten) und Verfügbarkeit (d. h. benötigte Informationen bzw. Daten stehen zum geforderten Zeitpunkt zur Verfügung) • Im Einzelnen werden meist folgende Sicherheitsziele verfolgt: die Sicherstellung der Kontinuität der Geschäftsabläufe innerhalb des Unternehmens, die Beibehaltung des guten Rufs des Unternehmens in der Öffentlichkeit, die Sicherung der hohen, möglicherweise unwiederbringlichen Werte der verarbeiteten Informationen, die Sicherung der Integrität und Verfügbarkeit der zur Unternehmenssteuerung benötigten Daten, die Gewährleistung der Vertraulichkeit von personenbezogenen und unternehmenskritischen Daten, die Erhaltung der in Technik, Informationen, Geschäftsprozesse und Wissen investierten Werte, die Einhaltung gesetzlicher Vorgaben sowie die Reduzierung der im Schadensfall entstehenden Kosten • Der Standard ist von jedem Mitarbeiter einzuhalten, der Informations- oder Kommunikationssysteme betreut. Dies gilt auch für Fremdpersonal • Zur Gewährleistung der IT-Sicherheit sind technische, infrastrukturelle, personelle und organisatorische Regeln erforderlich. Dazu gibt es Empfehlungen der ISO (s. ISO/IEC 27002) und des BSI [10] • Eine absolute Sicherheit ist bei vernetzten Systemen allerdings nicht erreichbar. Grundsätzlich ist immer ein Kompromiss zwischen Sicherheit und noch akzeptabler Einschränkung von Freiheitsgraden sowie zwischen Aufwand und Nutzen erforderlich. Mit den festzulegenden Regeln sollte eine angemessene Sicherheit mit vertretbarem Aufwand erreicht werden • Ein Basischeck wie in Tab. 5.11 kann dabei helfen, den aktuellen Status schnell festzustellen • Sicherheitsregeln sind i. d. R. für folgende Bereiche erforderlich: Authentifizierung, Autorisierung, Firewall, E-Mail, Virenscanner, URL-Filter, Browser-Einstellungen, Spam-Filter, Patch-Management, Lizenz-Management, Verschlüsselung, Digitale Signatur, EDI, VPN, LAN, WLAN, WAN, SAN, Telekommunikationssysteme, Datensicherung, Wartung, Notfallvorsorge, Entsorgung, bauliche Sicherheit, Verkabelung (passive Komponenten), Weiterbildung, IT-Projekte, IT-Systeme, IT-Personal • Außerdem ist festzulegen, wie die Überwachung und Optimierung der IT-Sicherheitsmaßnahmen erfolgt. Das umfasst das Sicherheits-Monitoring, die Sicherheitsanalysen, den Umgang mit Sicherheitsverletzungen und die Sicherheitsdokumentation
Rechte und Pflichten eines Administrators	• Ein Administrator hat eine besondere Vertrauensstellung. Er ist derjenige, der uneingeschränkte Zugriffsrechte für ein IT-System besitzt • Er hat auf dem betreuten System neben dem Zugriffsrecht auch das Recht zur vorübergehenden Systemsperrung, wenn dies zur Störungsbeseitigung, zur Systemadministration oder zur Gewährleistung der Systemsicherheit und des Schutzes der Anwenderdaten erforderlich ist, sowie das Recht zur Erteilung von Berechtigungen

(Fortsetzung)

Tab. 5.10 (Fortsetzung)

Bezeichnung	Erläuterung
	• Zu seinen Pflichten gehören: das Monitoring, die Geheimhaltung, der Datenschutz, die Informationspflicht, die Gewährleistung der Passwortsicherheit, die Sicherstellung der Vertretungsmöglichkeit, die Schutz- und Lizenzrechteeinhaltung, die Dokumentation, das Service-Level-Reporting, die Datensicherung, die Weiterbildung, der Zugriffsschutz, die Gewährleistung der Datenintegrität, das Qualitäts- und Sicherheitsmanagement sowie das Sicherheitsreporting • Dieser Standard gilt für alle Mitarbeiter, denen Administratorenrechte gewährt werden

5.8 IT-Budget

Das jährliche IT-Budget ist eine wesentliche Entscheidungsgrundlage der IT-Führungskräfte. Alle Anschaffungen, Personalentscheidungen und Beauftragungen externer Dienstleister erfolgen i. d. R. im Rahmen des freigegebenen IT-Budgets.

Zum Beginn der Budgetplanung fragt der IT-Demand-Manager bei den internen Kunden der IT-Organisation deren neue Anforderungen und Bedarfsmengen für das zu planende Jahr ab. Sie fließen in die IT-Budgetplanung mit ein, die vom IT-Controller in Zusammenarbeit mit den IT-Führungskräften erstellt wird.

Die IT-Budgetplanung ist vor dem Abschluss der Planung der operativen Einheiten fertigzustellen, damit sie die daraus resultierende Leistungsverrechnung in ihrer Planung mit berücksichtigen können.

Aktuelle Trends wie die Digitalisierung, inkl. Industrie 4.0, dem Internet der Dinge und Big Data, die Verlagerung von Services in die Cloud, die Forderung nach mehr Agilität, die weiter zunehmende Mobilität und die wachsende Bedeutung der IT-Sicherheit sind bei der Budgetplanung auf ihre Relevanz für das eigene Unternehmen zu prüfen.

Eine IT-Budgetplanung beinhaltet meist die in Tab. 5.12 aufgeführten Komponenten. Sie wird immer mit den Vorjahreswerten verglichen, sodass Änderungen einfach festzustellen und zu kommentieren sind.

Eine Gesamtübersicht über die IT-Services wie in Abb. 5.22 zeigt alle Kostenbestandteile auf einen Blick.

Mit der Kapazitätsplanung wird abgesichert, dass das IT-Personal und die IT-Systeme die bekannten Anforderungen im Planungszeitraum erfüllen können. Notwendige Erweiterungen der IT-Systeme sind in die Investitionsplanung zu berücksichtigen. Sie resultieren entweder aus neuen Anforderungen oder aus der kontinuierlichen Auslastungsüberwachung der IT-Systeme, die als Frühwarnsystem notwendig ist. Die Kapazitätsplanung für das IT-Personal ermöglicht eine Überprüfung der Realisierbarkeit angeforderter IT-Projekte. Der geschätzte Projektaufwand in Personentagen darf die verfügbaren Personentage der vorhandenen internen und der von ihnen steuerbaren externen Ressourcen nicht überschreiten. Abb. 5.23 enthält eine Auszug aus einer

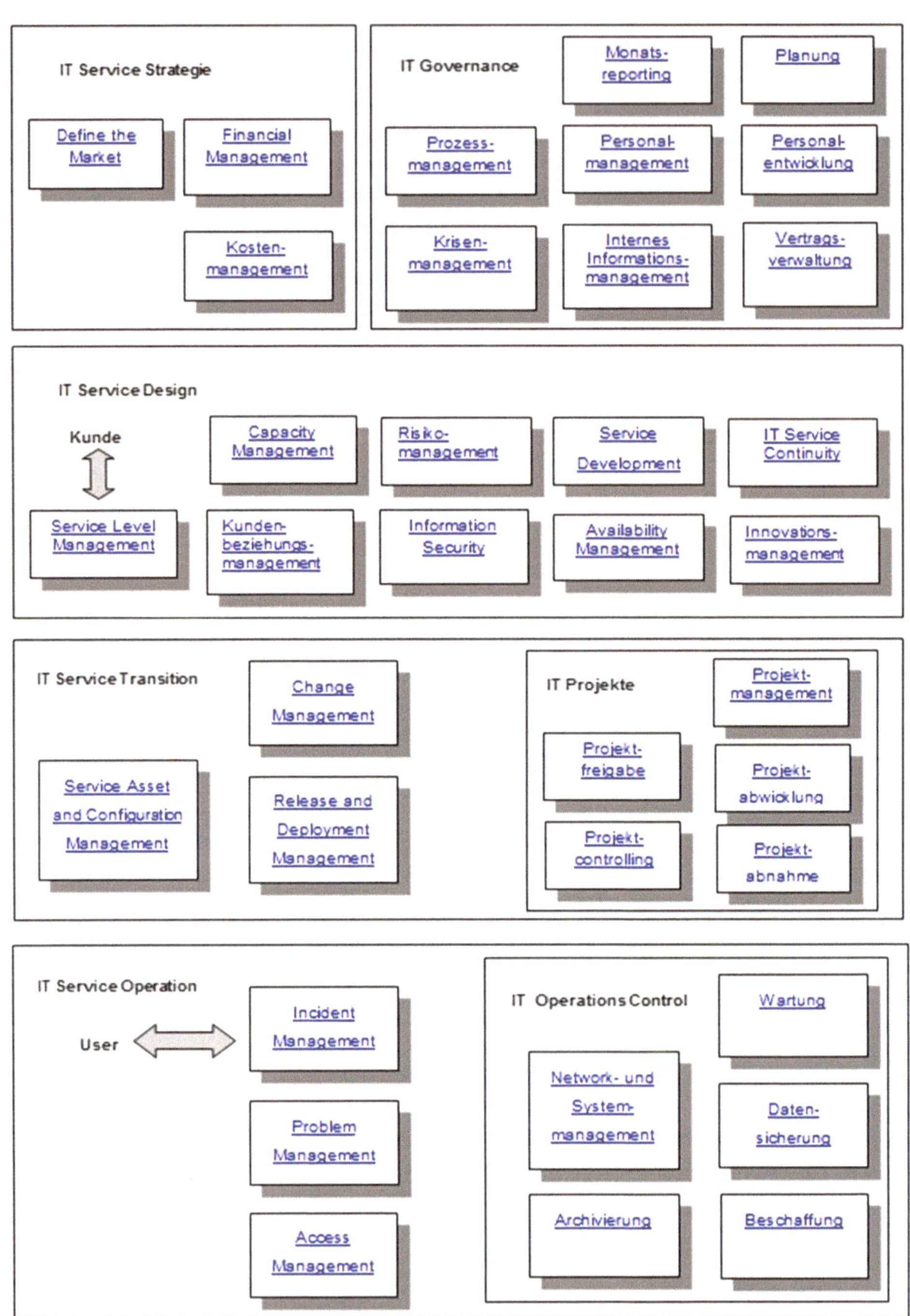

Abb. 5.20 Bestandteile eines IT-Prozessmodells nach ITIL

Incident Management

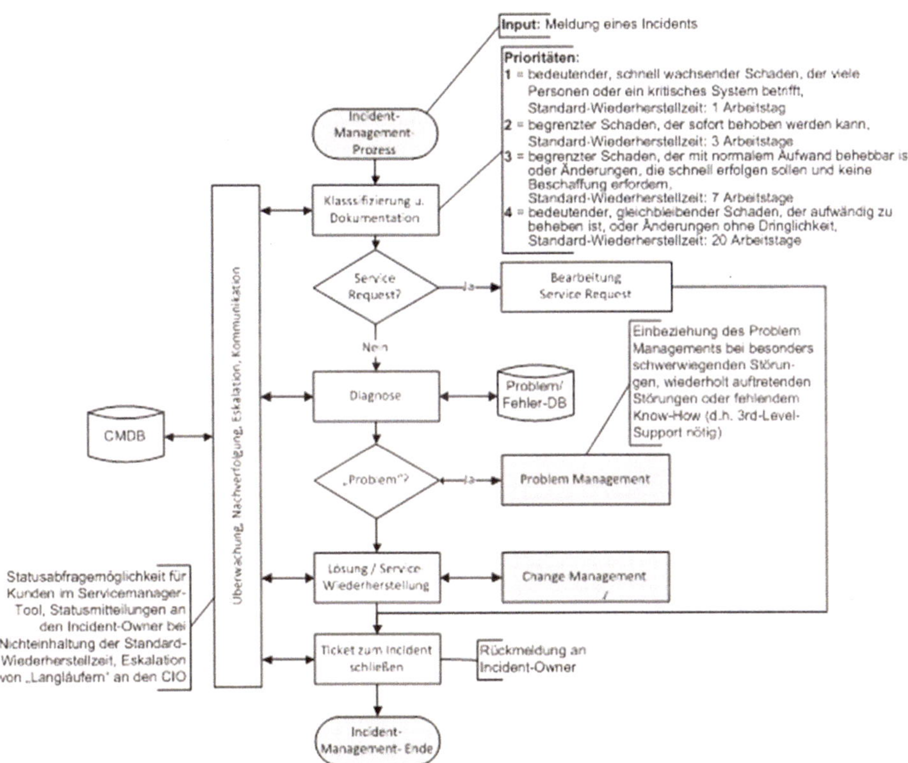

Flowchart „Incident Management"

Zweck	Mitgeltende Unterlagen	Teilnehmer	Ergebnis
Schnellstmögliche Wiederherstellung des normalen Servicebetriebs	SLA: „Computerarbeitsplatz-service"	Leiter Service Center / Leiter Solution Center (verantwortlich für diese Tätigkeit), Service Center, Solution Center	SLA-Einhaltung, Incident-Dokumentation, Lösung von Kundenproblemen

Abb. 5.21 Beschreibung eines Incident-Management-Prozesses

Tab. 5.11 IT-Sicherheits-Basis-Check

Kategorie	Frage
Ausfalltoleranz	Wissen Sie, wie lange Ihr Unternehmen ohne IT-Unterstützung auskommen kann?
Sicherheitsrisiken	Ist Ihnen bekannt, wie hoch bei Störungen oder Ausfall Ihrer IT ein finanzielles Defizit oder ein Vertrauensverlust bei den Kunden sein kann? Sind Verletzungen gesetzlicher Anforderungen durch den IT-Ausfall denkbar?
Sicherheitsreporting	Werden Sicherheitsvorfälle im Unternehmen vermerkt und besitzt die Unternehmensführung ein Bild vom aktuellen Stand der IT-Sicherheit?
Sicherheitsregeln	Existieren interne Richtlinien oder Anweisungen für den Umgang mit sicherheitsrelevanten Themen wie E-Mail, Internetnutzung oder Passwörtern?
Notfallkontakte	Wissen alle Mitarbeiter, wie sie sich bei Notfällen, beispielsweise bei Virenbefall, verhalten sollen und an wen sie sich zur Schadensbegrenzung wenden können?
Datensicherung	Kennen Sie Ihre geschäftskritischen Daten? Sichern Sie diese regelmäßig und lagern Sie die Sicherungen aus? Überprüfen Sie die Sicherungsmedien auf ihre Funktionsfähigkeit?
Zugriffs- und Zutrittsschutz	Sind die Server bzw. die Serverräume gegen Zugriff, auch Fernzugriffe, und Zutritt nichtautorisierter Personen ausreichend geschützt?
Notfallpläne	Existieren Notfallpläne für den Eintritt verschiedener Vorfälle wie z. B. den Verlust geschäftskritischer Daten, einen Virusbefall oder einen Brand?
Virenschutz	Nutzen Sie Anti-Virus-Programme und werden diese regelmäßig zur Erkennung neuer Viren aktualisiert?
Firewall	Verhindert eine Firewall unberechtigte Zugriffe aus dem Internet auf das interne Computernetzwerk? Wird die Konfiguration und Funktionsfähigkeit der Firewall regelmäßig überprüft?
Patches	Werden sicherheitsrelevante Programmkorrekturen (Patches) auf allen Systemen zur Sicherstellung des zuverlässigen Betriebs tagesaktuell eingespielt?

Tab. 5.12 Komponenten einer IT-Budgetplanung

Komponente	Erläuterung
AfA-Planung	Planung der Abschreibungen, die aus dem aktuellen Asset-Bestand, den geplanten Investitionen und den zu aktivierenden Dienstleistungen resultieren
Dienstleistungsplanung	Planung aller Leistungsempfänger, Leistungsarten (IT-Projekte sind auch eine Leistungsart; ihre internen Aufwände werden i. d. R. mit einem auf Vollkostenbasis ermittelten Tagessatz verrechnet), Leistungsmengen und Verrechnungspreise sowie der von den Leistungsempfängern einzuplanenden IT-Budgets
Gemeinkostenplanung	Planung der Kostenarten, inkl. Aus- und Weiterbildung, externe Dienstleistungen, Wartung und Instandhaltung, Mieten, Stromkosten, Reisekosten, Telefonkosten, Büromaterial, Beiträge etc. pro Kostenstelle
Investitionsplanung	Planung aller Investitionen pro Kostenstelle mit einer kurzen Begründung pro Position und den geschätzten Investitionskosten

(Fortsetzung)

Tab. 5.12 (Fortsetzung)

Komponente	Erläuterung
Personalkostenplanung	Planung der zu erwartenden Personalkosten unter Berücksichtigung von Tariferhöhungen und mit periodengerechter FTE-Zuordnung
Kapazitäts- und Auslastungsplanung	Planung der Auslastung der IT-Ressourcen
IT-Projektplanung	Planung aller IT-Projekte mit ihren geschätzten Aufwänden; neben den Einmalkosten, unterteilt in Investitionen, externe Dienstleistungen, interne Personalaufwände und Reisekosten, sind auch Angaben zu den nachfolgend erwarteten laufenden Kosten sowie zum Nutzen und dem daraus resultierenden ROI als Entscheidungsgrundlage notwendig
Ergebnisplanung	Planung des Ergebnisses aus der Leistungsverrechnung für die gesamte IT-Organisation unter Berücksichtigung der Sekundärkosten (Umlagen)

Services	Mengen	PK		Governance	Externe Dienstleistungen			Wartung	Afa	Leasing	WAN	Gesamt	
		[€]	FTE	[€]	Outsourcer-DL (RZ, S.-Desk) [€]	Externer Support [€]	FTE	[€]	[€]	[€]	[€]	[€]	
SAP-Professional	640 User	445.152	4,2	237.070	180.811	16.500	0,1	374.467	102.818			1.356.817	16%
		33%		17%	13%	1%		28%	8%				
SAP-Limited	355 User	145.848	1,3	54.016	44.231			85.322	22.645			352.062	4%
		41%		15%	13%			24%	6%				
SAP-BW	175 User	48.494	0,4	9.003	6.539			14.220	3.774			82.030	1%
		59%		11%	8%			17%	5%				
SAP-HCM	8.242 mtl. Abrechn.	312.774	3,0	30.009	58.050	23.500	0,1	57.787	42.038			524.158	6%
		60%		6%	11%	4%		11%	8%				
Computer-arbeitsplatz	3.200 Computer	584.137	8,0	96.028	753.163	222.950	1,3	268.482	499.341			2.424.102	29%
		24%		4%	31%	9%		11%	21%				
HW/SW				54.016				259.290	159.993	695.058		1.168.357	14%
				5%				22%	14%	59%			
Spez. DL		202.464	3,0	102.030	335.602	172.500	0,7	321.008	165.063		638.000	1.936.666	23%
		10%		5%	17%	9%		17%	9%		33%		
Projekte		158.077	1,5	18.005		211.200	0,9		243.159			630.442	7%
		25%		3%		34%			39%				
Gesamt		1.896.946	21,5	600.176	1.378.395	646.650	3,0	1.380.576	1.238.832	695.058	638.000	8.474.634	
		22%		7%	16%	8%		16%	15%	8%	8%		

Abb. 5.22 IT-Services mit Kostenarten

Name	Fkt	Anteil auf zentrale IT Services	Anteil auf Kundenprojekte	Kunden-projekte PT	IT-interne Projekte PT = Bestandteil Services	Total	Computerarbeitsplatzservice (incl.LAN,E-Mail,VV)	SAP Ltd. Prof.	SAP Prof.	SAP-BW	SAP Abrechnung Aktiv	Sonderservice RIB	Sonderservice Investmanger
Mitarbeiter 1	SAP ERP	91,1%	8,9%	17	40	100,0%		15,6%	49,4%		0,0%	26,0%	0,0%
Mitarbeiter 2	SAP ERP	91,1%	8,9%	17	40	100,0%		12,7%	31,4%	1,4%	0,0%	0,0%	45,5%
Mitarbeiter 3	SAP ERP	91,1%	8,9%	17	40	100,0%		25,5%	62,8%	2,7%	0,0%	0,0%	0,0%
Mitarbeiter 4	SAP HCM	91,1%	8,9%	17	40	100,0%		0,0%	0,0%		91,0%	0,0%	0,0%
Mitarbeiter 5	SAP HCM	91,1%	8,9%	17	40	100,0%		0,0%	0,0%		91,0%	0,0%	0,0%
Mitarbeiter 6	SAP HCM	91,1%	8,9%	17	40	100,0%		0,0%	0,0%		91,0%	0,0%	0,0%
		91%	9%	9%	21%			9,0%	23,9%	0,7%	45,5%	4,3%	7,6%

Abb. 5.23 Auszug aus einer Kapazitätsplanung für IT-Personal

Kapazitätsplanung für das IT-Personal. Abb. 5.24 zeigt, wie eine rollierende Kapazitäts- und Auslastungsplanung mit einfachen Mitteln realisierbar ist.

Das IT-Controlling stellt für die IT-Führung ein monatliches IT-Kosten-Reporting bereit, das einen Soll-Ist-Vergleich sowie Quartals- und Geschäftsjahresprognosen zur Budgeteinhaltung enthält.

Mit der monatlichen Leistungsverrechnung gemäß Preisliste und Abnahmemengen sind die aktuellen IT-Kosten auch für die internen IT-Kunden transparent. Die dazugehörige Ergebnisrechnung zeigt der IT-Führung, ob die IT-Organisation kostendeckend arbeitet.

Der IT-Controller hat eine besondere Vertrauensstellung. Viele Entscheidungen der IT-Führung basieren auf seinen Arbeitsergebnissen. Seine Aufgaben sind:

- die Planung, Prognose, Analyse und das Reporting von Obligo, Ressourcenbedarf, Kosten, Ergebnis und Nutzen (ROI) pro Service,
- die Monats- und Jahresabschlüsse,
- die Leistungsverrechnung: Verrechnungspreiskalkulation, Preislisten- und Servicekatalogveröffentlichung, verursachungsgerechte Kostenzuordnung, monatliche Durchführung der Verrechnung,
- die Unterstützung der Projektmanager bei der Bewertung von Projekten mit Kosten und Nutzen sowie Chancen und Risiken (auch im Post-Completion-Review), den Projekt-Kalkulationen und dem Projektcontrolling bzgl. Budget und Ist-Kosten,
- die Kalkulation von Service-Angeboten,
- die Kennzahlenermittlung und -publizierung,
- das Unterstützung des Partner-Managers beim Benchmarking,
- die betriebswirtschaftliche Beratung der IT-Führungskräfte mit Analysen, Bewertungen und Kommentierungen, um kritische Entwicklungen und Handlungsfelder aufzeigen,
- die konzeptionelle Gestaltung, Integration und Weiterentwicklung von Methoden und Systemen zur Schaffung von Transparenz und Effizienz.

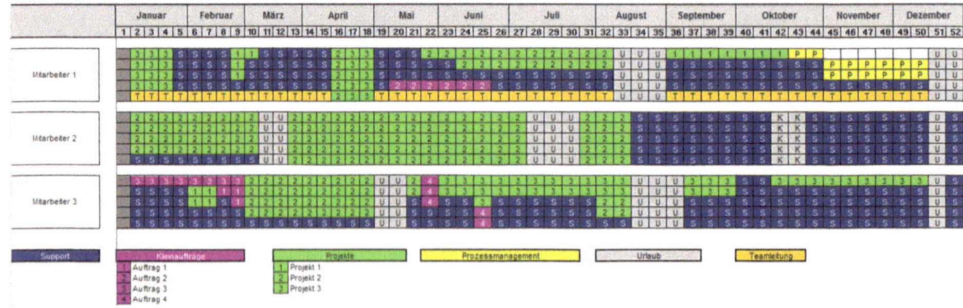

Abb. 5.24 Rollierende Kapazitäts- und Auslastungsplanung

5.9 IT-Partner-Management

Die Bedeutung des IT-Partner-Managements wächst mit zunehmendem Einsatz externer Dienstleister und Lieferanten. Insbesondere das Outsourcing standardisierter IT-Dienstleistungen und attraktive, externe Cloud-Services tragen dazu bei. Ausgelagerte Services müssen gesteuert, überwacht, angepasst und optimiert werden.

Der IT-Partner-Manager steuert die externen Geschäftspartner und kontrolliert ihre Leistungserbringung, um die Einhaltung geschäftlicher Anforderungen und vertraglicher Vereinbarungen zu gewährleisten.

Der regelmäßige Informationsaustausch und das kontinuierliche Monitoring dienen auch als Frühwarnsystem. Partnerschaften können aus unterschiedlichen Gründen nicht mehr passen, sodass eine Beendigung notwendig ist.

Es gibt Technologie- und Service-Partner. Technologiepartner sind die Hardware- und Software-Lieferanten. Service-Partner erbringen vereinbarte Dienstleistungen für ihre Auftraggeber. Bei der Auswahl neuer Geschäftspartner trägt die IT-Organisation die fachliche und kommerzielle Verantwortung. Die kommerziellen Verhandlungen erfolgen in Zusammenarbeit mit dem Einkauf.

Eine optimale Ressourcenbereitstellung lässt sich nur mit einem kontinuierlichen Sourcing-Management unter Berücksichtigung sich ändernder interner Anforderungen und dynamischer Veränderungen des Marktes erreichen.

Eine Übersicht über vom IT-Partner-Management zu lösende Aufgaben enthält Tab. 5.13.

Die Auslagerung abgrenzbarer Aufgabengebiete an externe Dienstleister im Rahmen eines Outsourcings ermöglicht es, sich auf die unternehmensspezifischen Aufgaben zu konzentrieren, während Standardleistungen zu marktüblichen Konditionen in der benötigten Qualität extern bezogen werden. Verträge fixieren die Dauer und den Gegenstand der Leistungen. Im auslagernden Unternehmen verbleibt eine reduzierte Organisation („retained organization"), die weiterhin technische Beurteilungen vornehmen und die vom Dienstleister vorgeschlagenen Konzepte bewerten kann.

Wesentliche Outsourcing-Gründe sind i. d. R.:

- der Service, um den es geht, hat einen hohen Standardisierungsgrad,
- für das auslagernde Unternehmen handelt es sich nicht um eine Kernkompetenz,
- es gibt keine internen Skalierungseffekte, sodass externe Dienstleister kostengünstiger sind,
- eine technische Innnovation, die man selbst nicht erreichen kann, ist erwünscht.

Um die Entscheidung für einen Outsourcing-Dienstleister treffen zu können, sind in einer Ausschreibung von den infrage kommenden Dienstleistern Angebote einzuholen. Tab. 5.14 enthält übliche Ausschreibungsinhalte.

Geeignete Kriterien zur Bewertung erhaltener Angebote sind i. d. R.:

- anforderungsgerechtes Portfolio: Leistungsumfang, Flexibilität, Service-Level-Kompatibilität, Konformität mit vorgegebenen Standards,

- Preis und Preisentwicklung (inkl. Kostentransparenz ohne versteckte Kosten),
- Referenzen,
- kulturelle Passfähigkeit,
- finanzielle Stabilität.

Tab. 5.13 Aufgaben des IT-Partner-Managements

Aufgabe	Erläuterung
IT-Sourcing-Management	• Realisierung eines Dual- bzw. Multi-Sourcing zur Reduzierung der Abhängigkeit von einzelnen Lieferanten (s. „IT-Sourcing-Strategie“ in Abschn. 5.4) • Bündelung der Beschaffung von Hardware, Software und Dienstleistungen bei gleichzeitiger Reduzierung der Lieferantenvielfalt • Regelmäßige Überprüfung alternativer Angebote mit folgenden Zielen: Sicherstellung marktüblicher Konditionen, weitere Reduzierung einseitiger Abhängigkeiten, Verbesserung der Servicequalität sowie der Reaktionsfähigkeit auf neue Serviceanforderungen • Erstellung und Durchführung von Ausschreibungen • Benchmarking als Entscheidungsgrundlage
IT-Vertragsmanagement	• Verhandlung von Verträgen • Erfassung und Verwaltung aller Lieferantenverträge als Dokument mit seinen Metadaten (insbesondere dem Lieferantennamen, dem Gültigkeitszeitraum und dem Leistungsinhalt) • Regelmäßige Überprüfung und Optimierung bestehender, weiterhin erforderlicher Lieferantenverträge
Service-Level-Monitoring bzw. Performance-Management	• Abstimmung und Monitoring von Service-Levels der Geschäftspartner in Zusammenarbeit mit dem IT-Service-Center • Kontinuierliche Koordination, Anpassung und Überwachung der Leistungen der Geschäftspartner • Entwicklung und Einführung eines Governance-Modells mit Gremien, Teilnehmern und Terminen • Kontinuierliche IT-Partner-Bewertung bzgl. Kosten, Termintreue, Mängeln, Angebotsprozess, Kommunikation, Abrechnungsprozess (s. Abb. 5.25) • Kostenkontrolle • Durchführung von Service-Reviews mit den Geschäftspartnern
Service-Portfolio-Management	• Abstimmung und Monitoring der Nutzung des Service-Portfolios • Steuerung der Einführung neuer Services und geordnete Beendigung nicht mehr erforderlicher Services
Kontinuierlicher Verbesserungsprozess	• Steuerung und Monitoring von Prozessoptimierungen in der Zusammenarbeit mit Geschäftspartnern
Kundenbeziehungsmanagement	• Kontinuierlicher Informationsaustausch mit internen Kunden über angebotene Services zur Ermittlung von Optimierungsmöglichkeiten vorhandener Verträge

IT-Partner-Bewertung 2014	Kriterien	Kosten der Lieferung und Leistung	Termintreue	Qualität I: SL-Verletzungen, Anzahl an Mängelrügen	Qualität II: Fachkompetenz und Eignung	Rechnungen	Angebote und Anfragen	Kommunikation und Zusammenarbeit	Bewertung
	Bewertungsbereich: 1 (schlecht) bis 10 (sehr gut)	Marktpreis = 5	Wie vereinbart = 5	einzelne SL-Verletzung = 5	wie vergleichbare Anbieter = 5	hohe Fehlerquote, keine Nachweise, verspätet = 1 verständlich, fehlerfrei, rechtzeitig = 10	verspätet, geringe Qualität, unverbindlich, viele Rückfragen = 1 pünktlich, hohe Qualität, verbindlich = 10	schlechte Erreichbarkeit, wechselnde Partner, unverbindlich = 1 gute Erreichbarkeit, verbindlich, zuverlässig = 10	Rot <= 50 Grün >= 65 Gelb > 50 und < 65
IT-Partner	Ausgaben \ Gewicht	3	4	5	3	3	2	1	
Hardware und Software	55.827,57 €	5,0	10,0	10,0	5,0	10,0	10,0	5	88
Lieferant 1	36.246,05 €	5,0	10,0	10,0	5,0	10,0	10,0	5	88
Lieferant 2	19.581,53 €	5,0	10,0	10,0	5,0	10,0	10,0	5	88
IT-Services	1.965.210,04 €	5,5	5,4	7,5	5,7	7,5	5,5	5,7	66
Dienstleister 1	1.162.206,03 €	6,1	5,6	6,4	4,9	6,8	4,7	5,7	61
Iaas/Desktop/SaaS	1.149.777,03 €	6,1	5,6	6,4	4,9	6,8	4,7	5,7	61
Wartung	12.429,00 €								0
Dienstleister 2	679.739,16 €	5,5	5,4	7,2	7,0	7,0	7,0	7	69
IaaS	86.619,60 €	5,0	5,9	7,5	7,0	7,0	7,0	7	69
WAN-Services	593.119,56 €	6,0	5,0	7,0	7,0	7,0	7,0	7	68
Dienstleister 3	12.987,15 €	5,0	5,0	10,0	5,0	10,0	5,0	4	72
Communication/Collaboration	12.987,15 €	5,0	5,0	10,0	5,0	10,0	5,0	4	72

Abb. 5.25 IT-Partner-Bewertung

Tab. 5.14 Ausschreibungsinhalte

Thema	Erläuterung
Einleitung	• Vorstellung des ausschreibenden Unternehmens: Adresse, Profil, Ansprechpartner
Gegenstand und Ziel der Ausschreibung	• Festlegung der Lose, wie z. B. IT-Service-Desk, IaaS, SAP-Service, Messaging, Firewall • Geplanter Vertragsbeginn und Vertragslaufzeit (z. B. 60 Monate) • Ziel ist der Abschluss eines Rahmenvertrags zu den Losen
Angebotsbedingungen	• Ausschreibungsbedingungen: Wettbewerbsbeschränkende Absprachen führen zum Ausschluss, Angebotsaufwände trägt der Anbieter • Zeitplan: Versand, Empfangsbestätigung, Teilnahmebestätigung, Angebotsabgabe, Angebotspräsentation, Vergabeverhandlung, Vergabeentscheidung, Beginn der Transition, Beginn des Produktivbetriebs • Angebotsbewertungskriterien: Preis und Preisentwicklung, Leistungsumfang, Flexibilität, Service-Level-Kompatibilität, Konformität mit vorgegebenen Standards, Referenzen, kulturelle Passfähigkeit, finanzielle Stabilität • Verbindlichkeit der Angebote: Es werden verbindliche Angebote mit Gültigkeit bis zum Vergabetermin erwartet, die Ausschreibung ist kein Vertragsangebot, sondern eine Einladung zur Angebotsabgabe • Geltungsbereich: Nach Abschluss eines Rahmenvertrags gelten die vereinbarten Bedingungen für alle zugehörigen Einzelverträge • Bestehende Verträge: Sofern für die ausgeschriebenen Leistungen mit dem Lieferanten bereits Verträge bestehen, bietet er an, sie zu den neuen Konditionen weiterzuführen • Subunternehmer: Subunternehmer sind mit Standort anzugeben, die Verantwortung verbleibt beim Vertragspartner, er ist der alleinige Ansprechpartner

(Fortsetzung)

Tab. 5.14 (Fortsetzung)

Thema	Erläuterung
Angebotsgestaltung	• Unternehmensprofil: Rechtsform und wesentliche Finanzdaten des anbietenden Unternehmens • Referenzen: Benennung mehrerer Referenzen, die vergleichbare Leistungen erhalten • Angebotsumfang: Die vorgegebene Struktur ist einzuhalten, Nettopreise für die Einrichtung, die monatlichen Grundkosten und die nutzungsabhängigen Kosten sind auszuweisen • Leistungsscheine: Zu den Leistungsscheinen sind im Preisblatt die Angebotspreise anzugeben, Leistungsmerkmale, technische Daten und Service Levels sind zu kommentieren • Kalkulationsgrundlage: Im Preisblatt angegebene Mengen dienen als Kalkulationsgrundlage und stellen keine Mindestabnahmemenge dar, auch darüber hinausgehende Mengen müssen lieferbar sein
Rechte	• Datenschutz: Es gilt das BDSG sowie das TKG für die Auftragsdatenverarbeitung in Rechenzentren und bei Telekommunikationsanbietern, alle für die Leistungserbringung eingesetzten Mitarbeiter sind nach § 5 BDSG auf das Datengeheimnis zu verpflichten • Vertraulichkeit: Nicht allgemein bekannte Informationen sind vertraulich zu behandeln • Leistungsempfänger und Geltungsbereich: Weitere Konzerngesellschaften können als Leistungsempfänger benannt werden, für sie gelten die vereinbarten Konditionen • Service Level bzw. Qualität der Leistungen: Die SLA und SLO (Verfehlung führt nicht zur Pönale) werden in den Leistungsscheinen festgelegt, die monatliche Obergrenze für Pönalen liegt bei x % der monatlichen Gesamtvergütung, bezahlte Pönalen werden auf Schadensersatzansprüche angerechnet, der Lieferant ist zertifiziert nach ITIL, DIN EN ISO 9001 und DIN ISO/IEC 27001 • Preise und Benchmarking: Preise werden für die Vertragslaufzeit fest vereinbart, Benchmarking-Rechte bleiben unberührt • Haftung: Der Lieferant haftet für vorsätzlich oder grob fahrlässig verursachte Schäden sowie bei Personenschäden unbeschränkt, die Haftung nach Produkthaftungsgesetz bleibt unberührt, bei einfacher Fahrlässigkeit haftet er bis zu y % der Gesamtvergütung des Vorjahres • Auditrechte: Der Auftragnehmer ist berechtigt, die Leistungserbringung des Dienstleisters auf eigene Kosten durch eigenen Mitarbeiter oder durch mit dem Dienstleister abgestimmte sachkundige Dritte zu überprüfen, insbesondere die Einhaltung gesetzlicher Bestimmungen muss überprüfbar sein, auf Anforderung stellt der Dienstleister einen vollständigen ISAE3402-Service-Organization-Control-Report Typ II zur Verfügung • Zusätzliche Vertragsbedingungen: Angabe gültiger Richtlinien, Normen, Gesetze und Vorschriften (z. B. Richtlinie 90/270/EWG zur Sicherheit und zum Gesundheitsschutz an Bildschirmarbeitsplätzen, DIN EN ISO 9241 zur Ergonomie der Mensch-System-Interaktion) • Gerichtsstand: Sitz des ausschreibenden Unternehmens • Anwendbares Recht: Recht der Bundesrepublik Deutschland
Anlagen	• Formulare für Empfangsbestätigung, Teilnahmebestätigung und Preisblatt • Leistungsscheine für die einzelnen Lose: Leistungen, Qualität (Service Level), Leistungsmengen

Während der Vertragsverhandlung können auch Ziele für die Anwenderzufriedenheit vereinbart werden.

5.10 Business-Process-Management

Erfolgreiche Unternehmen kennen, steuern, überwachen und optimieren ihre Geschäftsprozesse.

Viele Geschäftsprozesse laufen ganz oder teilweise in Informationssystemen ab. Aufgrund ihres cross-funktionalen Prozess-Know-hows nehmen IT-Mitarbeiter auch Prozessberatungsaufgaben wahr. Zunehmend mehr IT-Organisationen verfügen inzwischen über ein eigenes Business-Process-Management-Team.

Business-Process-Management (BPM) verbessert die Unternehmensleistung durch ein konsequentes Geschäftsprozessmanagement und die fortlaufende Optimierung der Geschäftsprozesse. Dies umfasst die Analyse, das Design, die Modellierung, die Implementierung, die Überwachung und die Optimierung von Geschäftsprozessen. Optimale Prozesse orientieren sich am Kundenbedarf und haben einen hohen Wertschöpfungsanteil. Sie sind effektiv und effizient.

Die zunehmende Bedeutung des Business-Process-Managements resultiert auch aus folgenden Aspekten:

- Alle Aktivitäten, die für die Wertschöpfung notwendig sind, müssen optimal aufeinander abgestimmt und überflüssige weitgehend eliminiert werden, um eine hohe Kundenorientierung, eine hohe Qualität sowie geringe Durchlaufzeiten und Kosten zu erreichen.
- Kein Prozess ist dauerhaft perfekt. Er muss kontinuierlich verbessert werden, um Innovation und Weiterentwicklung zu ermöglichen.
- Eindeutige Prozessdefinitionen und Schnittstellenbeschreibungen, d. h. Standards, eindeutige Verantwortlichkeiten, frühe Reaktionen auf Fehler und einfache Organisationsmethoden ermöglichen stabile Prozesse, die hochqualitative Produkte und hervorragende Kundenservices hervorbringen.
- Permanente Veränderungen des Marktes, der Technologien, des Wettbewerbs etc. erfordern kontinuierliche Verbesserungen.

Ein Prozessberater im BPM-Team hat i. d. R. die in Tab. 5.15 dargestellten Aufgaben.

Immer mehr Unternehmen nutzen Lean-Management-Methoden zur Erhöhung der Operational- bzw. Business-Process-Excellence. Die Weiterentwicklung der Prozesse erfolgt dabei durch die Mitarbeiter. Das BPM-Team ist unterstützend und beratend tätig. Es erbringt beispielsweise die in Tab. 5.16 beschriebenen Services.

Abb. 5.26 zeigt, in welchen Stufen eine Lean-Management-Einführung ablaufen kann.

Tab. 5.15 Aufgaben eines Prozessberaters

Aufgabe	Erläuterung
Analyse, Entwurf und Dokumentation	• Analyse, Auditierung, Design und Modellierung von Geschäftsprozessen
Demand-Management	• Erfassung der Anforderungen an die Prozesse des Unternehmens
Beratung	• Beratung zur Optimierung und Neugestaltung von Prozessen
Moderation	• Vorbereitung, Moderation und Nachbereitung von Prozess-Design-Workshops
Wirtschaftlichkeitsberechnung	• Erstellung von Business-Cases für Prozessoptimierungen
Projektmanagement	• Planung (Budget, Zeit, Ressourcen, Meilensteine) und Leitung von Projekten zur Optimierung von Prozessen
Implementierung von Best Practices	• Implementierung von Best-Practice-Prozessen in verschiedenen Bereichen (z. B. Vertrieb und Marketing, Produktmanagement, Produktion, Logistik und Versand, Qualitätsmanagement, Finanzen bzw. Controlling, Personal und IT) des Unternehmens
Monitoring	• Definition und Einführung von KPIs zur Überwachung von Prozessen

Tab. 5.16 BPM-Services

Service	Erläuterung
Beratung und Projektmanagement für Lean-Projekte	• Realisierung umfangreicher Prozessverbesserungen (Breakthrough-Events), die sich nur mit Projektorganisationen erreichen lassen
Anstoß von KVP-Aktivitäten	• Ein kontinuierlicher Verbesserungsprozess (KVP steht für: „jeden Tag ein bisschen besser werden“) ist ein sich ständig wiederholender Regelkreis, in dem neben den gesteckten Zielen auch die bestehenden Prozesse immer wieder neu überarbeitet werden • Der Best-Practice-Informationsaustausch ist dabei zu fördern
Lean-Akademie	• Um Business-Process-Excellence zu erreichen, unterstützt die Lean-Akademie mit Übungen, Simulationen sowie dem Coaching in der Praxis anhand eines Beispielprojekts • Beim Besuch der Akademie werden den Teilnehmern die notwendigen Grundlagen und Kenntnisse für die Mitarbeit an KVP-Themen und deren selbstständige Bearbeitung vermittelt

(Fortsetzung)

Tab. 5.16 (Fortsetzung)

Service	Erläuterung
Geschäftsprozessmodell-Entwicklung und Pflege	• Die Ergebnisse aller Analysen und Optimierungen von Prozessen fließen in das vom BPM-Team erstellte Prozessmodell des Unternehmens ein • Best-Practice-Prozesse werden als Standardprozesse definiert und ins Prozessmodell aufgenommen. Die Standardprozesse werden in Projekten ausgerollt
Master-Data-Management	• Es ist verantwortlich für die Definition von Pflege- und Anlageprozessen, die störungsfreie Geschäftsprozesse durch fehlerlose, vollständige und konsistente Stammdaten in allen Transaktions-, Berichts- und Analysesystemen ermöglichen (s. Abschn. 5.17)

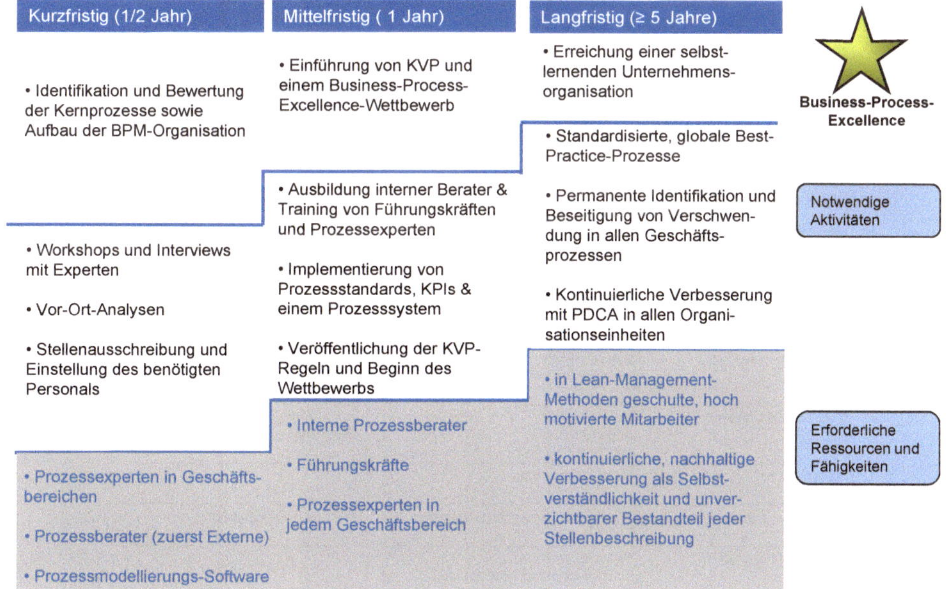

Abb. 5.26 Masterplan für eine Lean-Management-Einführung

5.11 Service-Level-Management

Das Service-Level-Management stimmt für die IT-Organisation mit den internen Kunden ab, welche IT-Dienstleistungen in welcher Qualität zu erbringen sind. Es erstellt Service-Level-Agreements (SLA) auf Grundlage der geschäftlichen Anforderungen sowie der vorhandenen technischen und organisatorischen Möglichkeiten. Für die vereinbarten Services überwacht es die Service-Level-Einhaltung und veröffentlicht monatlich Service-Level-Reports.

Die Service-Level-Agreements definieren die Qualität und Verfügbarkeit der von der IT-Organisation angebotenen IT-Dienstleistungen (s. Abb. 5.27). Sie beschreiben die im Servicekatalog aufgelisteten Services.

Service Level Agreement
- SAP-ERP -

Leistungsinhalt

- Bereitstellung und Betrieb der Systeminfrastruktur für den Test- und Produktivbetrieb im Rechenzentrum
- Beschaffung und Bereitstellung benötigter Betriebssystem-, Datenbank- und Anwendungslizenzen
- Durchführung von Datensicherungen, Datenarchivierungen und Updates (d.h. Tests von Patches, Hot-Packages, Support-Packagesl und entsprechende Systemanpassung), soweit letztere für den ordnungsgemäßen System- und Anwendungsbetrieb erforderlich sind
- Sicherstellung eines stabilen Dialogbetriebs
- Verwaltung und Pflege der SAP-Berechtigungen
- Ausführung und Überwachung vereinbarter Batch-Jobs
- Pflege und Betreuung der genutzten SAP-Module, wobei die Veränderung vorhandener Funktionen nur dann mit zum Leistungsumfang gehört, wenn der Aufwand geringfügig ist (d.h. kleiner 2 PT)
- Optional SAP-Grundlagentraining sowie implementierungsspezifisches Training von Key-Usern
- Betrieb und Betreuung eines Dokumentenmanagementsystems (DMS) mit SAP-Schnittstelle
- First- und Second-Level-Support, inkl. themenbezogener Anwendungssupport
- Die Kommunikation zur Abstimmung und Erbringung der Services erfolgt auf Deutsch oder Englisch

Service Level

Bezeichnung	Leistung / Service Level	Anmerkungen
Problemannahme Service Desk	24 Stunden, Mo-So	Annahme über Service-Desk. Dedizierter Service Desk während der Geschäftszeiten. First-Level-Anwendungssupport erfolgt durch die Key-User.
System-Betriebszeiten	24 Stunden, Mo-So	Außer bei geplanten und abgestimmten Wartungen
Servicezeit	Büroarbeitszeiten Mo.-Fr. 7-19 Uhr außer an bundeseinheitlichen Feiertagen	IT-Dienstleister und Anwendungsunterstützung
Maximale Reaktionszeit des 2nd Level Supports innerhalb der Servicezeit	sehr hohe Priorität: 15 Minuten hohe Priorität: 30 Minuten mittlere Priorität: 120 Minuten niedrige Priorität: 240 Minuten	Gültig für System- und Anwendungsbetrieb (Sicherstellung der Betriebsfähigkeit des Systems)
Maximale Lösungszeit innerhalb der Servicezeit	sehr hohe Priorität: 2 Stunden hohe Priorität: 8 Stunden mittlere Priorität: 1 AT niedrige Priorität: 2 AT	Gültig für System- und Anwendungsbetrieb (Sicherstellung der Betriebsfähigkeit des Systems)
Sprachen im 2nd Level Support	Deutsch, Englisch	
Erweiterung der primären Servicezeit	Nach individueller Vereinbarung	Gesonderte Vergütung
System-Verfügbarkeit	Produktivsystem Core:99,5% Entwicklung und Test: 98.0% (jeweils im Monatsmittel)	
Maximale Ausfallzeit bei einer Störung (Wiederanlauf des Systembetriebs nach max.)	Produktivsystem Core (ERP): 4 h Produktivsysteme HCM und BI: 8 h Entwicklung und Test: 12 h	
Antwortzeitverhalten SAP Core System	Produktivsysteme: Durchschnittliche Antwortzeit < 1 Sek. pro Dialogschritt	SLO: 0,5 Sekunden

Bezeichnung	Zeiten (MEZ / MESZ)
Wartungsfenster (geplant und vereinbart)	Samstag 16:00 Uhr bis Montag 00:00 Uhr

Mitwirkungspflichten des Auftraggebers

- Benennung der verantwortlichen Ansprechpartner (Key-User)
- 1st-Level Anwendungssupport durch Key-User
- Beteiligung an Test und Abnahme neuer Releases/Supportpackages vor der Produktivsetzung
- Beantragung und Genehmigung von Berechtigungen
- Einhaltung von Vorgaben zur IT-Sicherheit und zum Datenschutz
- Teilnahme an ½-jährlichen Review-Meetings

Abb. 5.27 Beispiel für den Inhalt eines Service-Level-Agreements

Häufig benötigte IT-Services sind:

- Enterprise Resource Planning,
- Business Information Warehouse,
- Computerarbeitsplatz (mit Desktop-Service, File- und Print-Service, Mail-Service, LAN-Service, Internet-Schnittstelle, Intranet-Webserver),
- IT-Service-Desk,
- Wide Area Network,
- Telekommunikation.

Ein Service-Level-Manager nimmt die in Tab. 5.17 dargestellten Aufgaben wahr.

In einer Service-Matrix sollte für jedes IT-System festgelegt werden, wer wofür (z. B. Netzwerk, Hardware, Betriebssystem, Applikations-Basis-Support, Applikations-Management) verantwortlich ist und ob mit dem Hersteller ein Supportvertrag existiert. Dies ist v. a. für den IT-Service-Desk wichtig, damit er Störungsmeldungen schnell und korrekt einem Bearbeiter zuordnen kann.

Regelmäßige Kundenzufriedenheitsbefragungen können IT-Organisationen helfen, sich weiter zu verbessern. Neben den Rückmeldungen, die der Service-Level-Manager in

Tab. 5.17 Aufgaben eines Service-Level-Managers

Aufgabe	Erläuterung
Kundenbeziehungsmanagement	• Kontinuierlicher Informationsaustausch mit den internen Kunden über angebotene Services • Pflege von Intranet-Webseiten zu IT-Services • Herausgabe von IT-Newslettern über IT-Services
Service-Anforderungen	• Erfassen der Anforderungen des Kunden an einen neuen oder zu ändernden Service
Service-Katalog	• Erstellung, Veröffentlichung und Pflege des Service-Katalogs
Entwurf von Service-Level-Agreements	• Ausarbeitung von Service-Level-Agreements (SLAs) mit Leistungsbeschreibungen und Leistungsparametern (Service-Levels)
Service-Level-Vereinbarung	• Abschluss von Dienstleistungsverträgen mit SLAs zum Zeitpunkt der Bereitstellung der angeforderten Services
Service-Level-Review	• Vorstellung der Service-Level-Einhaltung und Einholung von Rückmeldungen über die Kundenzufriedenheit sowie Abfrage neuer Anforderungen
Service-Provider-Kontakt	• Ansprechpartner der Leistungserbringer zum Austausch von Service-Informationen und zur Weitergabe von Kunden-Feedback
Service-Level-Monitoring und -Reporting	• Überwachung vereinbarter Service-Levels, um drohende Verletzungen mit rechtzeitiger Korrektur vermeiden zu können und Wiederholungen auszuschließen • Erstellung und Veröffentlichung von Service-Level-Reports

Service-Level-Report

				GJ 2010											
SL-Bezeichnung	**Dokument**	**Soll-Wert**	**Status aktuell**	**Jan**	**Feb**	**Mrz**	**Apr**	**Mai**	**Jun**	**Jul**	**Aug**	**Sep**	**Okt**	**Nov**	**Dez**
System-Verfügbarkeit während zugesicherter Zeiten	SLA-01 ERP	≥ 99%		100%	100%	99,9%	100%	100%	100%	100%	100%	**98,5%**	99,9%	99,9%	100%
	SLA-02 CAx	≥ 99%		100%	100%	100%	100%	100%	100%	100%	100%	100%	100%	100%	100%
	SLA-03 PLM	≥ 99%		100%	100%	100%	100%	100%	100%	100%	100%	100%	100%	100%	100%
	SLA-04 File-/Printserver	≥ 99%		100%	100%	100%	100%	100%	100%	100%	100%	100%	100%	100%	100%
	SLA-05 TK-Anlagen	≥ 99%		100%	100%	99,9%	99,9%	99,9%	99,9%	100%	100%	100%	99,9%	99,9%	100%
	SLA-06 WAN	≥ 99%		99,9%	100%	100%	99,9%	100%	99,5%	100%	100%	100%	100%	100%	100%
	SLA-04 LAN	≥ 99%		100%	100%	99,1%	100%	100%	100%	100%	100%	99,7%	99,8%	100%	99,5%
	SLA-01 DMS	≥ 99%		100%	100%	100%	100%	100%	100%	100%	100%	100%	100%	100%	100%
	SLA-07 EDI	≥ 99%		100%	100%	100%	100%	100%	**98,7%**	100%	100%	99,7%	100%	99,7%	100%
	SLA-08 Internet/Intranet	≥ 99%		99,9%	100%	100%	100%	100%	100%	100%	100%	100%	100%	100%	100%
	SLA-08 RAS	≥ 98%		100%	100%	100%	100%	100%	100%	100%	100%	100%	100%	100%	100%
	SLA-09 PAISY	≥ 99%		100%	100%	100%	100%	100%	100%	100%	100%	100%	100%	100%	100%
⌀ Dialog-Antwortzeiten	SLA-01 ERP	≤ 1 Sek.		0,7	0,7	0,7	0,7	0,8	0,8	0,7	0,9	0,9	0,5	0,5	0,5
Service-Desk-Sofortlösungsquote (< 2 h nach Anruf)	SLA-04 – Ben.Service	≥ 70%		75%	76%	76%	75%	77%	75%	75%	76%	76%	**64%**	**64%**	**69%**
Service-Desk-Erreichbarkeit	SLA-04 – Ben.Service	95% ≤ 1/2 Min.		99,7%	99,9%	100%	99,9%	99,6%	99,5%	100%	99,9%	99,8%	99,8%	99,9%	99,8%
Eskalationsquote Tickets Prio 1	SLA-04 – Ben.Service	≤ 20%		0%	0%	17% (1)	17% (1)	14% (1)	20% (1)	0%	17% (1)	9% (1)	13% (1)	15% (1)	0%
Eskalationsquote Tickets Prio 2	SLA-04 – Ben.Service	≤ 20%		13% (2)	14% (23)	9% (10)	19% (25)	20% (18)	12% (15)	14% (18)	18% (19)	16% (21)	16% (16)	17% (20)	15% (17)
Eskalationsquote Tickets Prio 3	SLA-04 – Ben.Service	≤ 20%		9% (22)	10% (19)	7% (12)	14% (23)	12% (9)	12% (22)	9% (23)	10% (14)	12% (25)	9% (27)	16% (42)	15% (26)
Eskalationsquote Tickets Prio 4	SLA-04 – Ben.Service	≤ 20%		0%	13% (2)	0%	0%	0%	0%	0%	4% (1)	0%	0%	0%	0%
Bereitstellzeit Neugeräte	SLA-04 – Ben.Service	70% ≤ 3 KW nach Eing. BM		100%	100%	100%	100%	100%	100%	100%	100%	100%	100%	100%	100%
	SLA-05 – TK-Endgeräte	3 KW nach Eing. BM		100%	100%	100%	100%	100%	100%	100%	100%	100%	100%	100%	100%
	SLA-02 – CAx-Endger.	3 KW nach Eing. BM		100%	100%	100%	100%	100%	100%	100%	100%	100%	100%	100%	100%
Bereitstellzeit Ersatzgeräte	SLA-04 – Ben.Service	100% ≤ 1 AT		100%	100%	100%	100%	100%	100%	100%	100%	100%	100%	100%	100%
	SLA-05 – TK-Endgeräte			100%	100%	100%	100%	100%	100%	100%	100%	100%	100%	100%	100%

Maßnahmen zur Korrektur von Abweichungen:

Der Rückgang der Sofortlösungssquote im Oktober wurde verursacht durch die Einarbeitungsphase neuer Mitabeiter und eine längere Erkrankung eines erfahrenen Mitarbeiters im Service Desk.

Abb. 5.28 Beispiel eines Service-Level-Reports

Gesprächen erhält, hat sich v. a. bewährt, dass der IT-Service-Desk bei jedem Schließen eines Tickets per E-Mail nach der Zufriedenheit mit der Erreichbarkeit, der Bearbeitung und der Lösungszeit fragt.

Im Service-Level-Report wird dargestellt, welche Service-Qualität die IT-Organisation liefert. Er enthält eine Gegenüberstellung der vereinbarten und der erreichten Service-Levels sowie Erläuterungen von Abweichungen und eingeleiteten Korrekturmaßnahmen (s. Abb. 5.28). Die für das Service-Level-Reporting relevanten Daten sind im laufenden Betrieb zu sammeln. Der Service-Level-Manager erstellt damit den monatlichen Service-Level-Report und veröffentlicht ihn im Intranet.

5.12 IT-Demand-Management

Das IT-Demand-Management ist die zentrale Stelle für die strukturierte Aufnahme, Bündelung, Bewertung und Umsetzungskoordinierung von IT-Anforderungen. Alle Beteiligten erhalten jederzeit transparente Statusinformationen.

Es ist eine elementare Komponente erfolgreicher IT-Organisationen, die dazu beiträgt, den IT-Unterstützungsbedarf der internen Kunden zu identifizieren, zu verstehen, zu erfassen, auf mögliche Synergieeffekte zu prüfen und geordnet in IT-Projekten umzusetzen. Dabei sorgt das IT-Demand-Management für einen zielgerichteten Einsatz der

IT-Ressourcen. Wichtige Anforderungen werden höher priorisiert als andere. Die Umsetzung erfolgt gemäß gültiger IT-Standards.

Ein IT-Demand-Manager nimmt die in Tab. 5.18 dargestellten Aufgaben wahr.

Die Dienstleistungsanforderungen lassen sich, wie in Tab. 5.19 dargestellt, unterteilen.

Projektanträge werden i. d. R. nach folgenden Kriterien bewertet:

- Wirtschaftlichkeit (Kosten-Nutzen-Verhältnis) oder gesetzliche Notwendigkeit,
- erwartete sonstige Vorteile, wie z. B. Prozessverbesserungen, Benutzerfreundlichkeit,
- Projektrisiken,
- Priorität aus Sicht des Antragstellers,

Tab. 5.18 Aufgaben eines Demand-Managers

Aufgabe	Erläuterung
Kundenbeziehungsmanagement	• Informationsaustausch mit internen Kunden über Kosten und Nutzen angebotener IT-Services
Anforderungserfassung	• Ansprechpartner interner Kunden zur Abstimmung von Service-Änderungen (dabei arbeitet der Demand-Manager mit dem Service-Level-Manager zusammen) • Erfassung und Abstimmung neuer Anforderungen an neue und bestehende IT-Systeme mit internen Kunden, Dienstleistern sowie ggf. Herstellern und Lieferanten • Bedarfsabfragen im Rahmen der jährlichen Budgetplanung
Unterstützung der Lastenhefterstellung	• Unterstützung interner Kunden bei der Formulierung von Anforderungen an neue bzw. Anpassung existierender Lösungen zur Optimierung von Geschäftsprozessen
Realisierbarkeitsbewertung, Lösungsauswahl und Aufwandsschätzung	• Auswahl entsprechender Lösungen in enger Zusammenarbeit mit dem IT-Solution-Center inkl. Schätzung des Aufwands und der Machbarkeit
IT-Portfolio-Management	• Bedarfsweise Einberufung des Demand-Management-Boards zur Bewertung und Priorisierung von Projektanträgen • Verwaltung des Projektportfolios mit Informationen über Ressourcenbedarf, Kosten, Termine, Risiken, Prioritäten, Nutzen, Standard- und Strategie-Kompatibilität sowie dem aktuellen Status in enger Zusammenarbeit mit dem IT-Projektmanagement
Anforderungsdokumentation	• Pflege und Veröffentlichung einer Demand-Übersicht mit Angaben zum Thema, zum Auftraggeber und zum aktuellen Status
Service-Planung	• Die Planung neuer Services beinhaltet den Prozess der Leistungserbringung, Ressourcen, Kosten, Nutzen, Implementierung • Zur Einführung neuer Services gehören die Systemanpassung bzw. -implementierung, die Konzeption für Archivierung, Backup, Recovery und Sicherheit, die Beschreibung, die Ressourcenbeschaffung, das Training aller Beteiligten, der SLA-Entwurf, die Festlegung des Verrechnungspreises und der Test der Leistungserbringung

Tab. 5.19 Typen von IT-Dienstleistungsanforderungen

Typ	Aufwand	Empfänger
Anwendungs-Support-Anfragen	Bis 3 Tage Aufwand	Sie gehen direkt an den jeweiligen Ansprechpartner im IT-Solution-Center und werden nicht in der IT-Demand-Übersicht geführt
Infrastruktur-Service-Anfragen	Gering (z. B. Berechtigungserteilung, Postfacheinrichtung, Standardsoftwareinstallation auf dem Computerarbeitsplatz)	Sie sind an den IT-Service-Desk zu richten und werden nicht in der IT-Demand-Übersicht geführt
Kleinaufträge	3 bis 15 Tage Aufwand bzw. bis 10.000 € Kosten	Sie sind mit ausgefülltem Kleinauftragsformular beim Demand-Manager zu beauftragen
Projekte	Mehr als 15 Tage Aufwand bzw. mehr als 10.000 € Kosten	Sie erfordern einen ausgefüllten Projektantrag, der an den Demand-Manager zu senden ist

- zu berücksichtigende Nachteile bei einer Ablehnung,
- Übereinstimmung mit den IT-Standards und der IT-Strategie,
- Vorhandensein alternativer Lösungen, die bereits im Einsatz sind,
- Möglichkeit der konzernweiten Nutzung,
- technische Machbarkeit,
- Ressourcenbedarf und -verfügbarkeit,
- terminliche Machbarkeit.

Spätestens nach der Freigabe des Projektantrags durch das Demand-Management-Board ist vom Auftraggeber ein Lastenheft vorzulegen. Erst danach kann die Pflichtenhefterstellung sowie die detaillierte Projektplanung und eine belastbare Aufwandschätzung erfolgen. Bei der Erstellung des Lastenhefts sollte der Antragsteller vom IT-Demand-Manager unterstützt werden.

Im Lastenheft werden folgende Angaben erwartet:

- Ist-Zustand (Ausgangssituation),
- Soll-Konzept, inkl. Zielsetzung mit Aufbau- und Ablauforganisation,
- Nutzen (quantitativ und qualitativ),
- funktionale Anforderungen,
- Benutzeroberfläche,
- benötigte Schnittstellen,

- nichtfunktionale Anforderungen: Mengengerüst, Zuverlässigkeit bzw. Verfügbarkeit, Bedienbarkeit, Performance, Sicherheit, Erweiterbarkeit, Dokumentation, Sprachunterstützung,
- evtl. eine Skizze der gewünschten Systemarchitektur oder der Programmstruktur,
- gewünschter Projektablauf, z. B. Meilensteine,
- erforderliche Datenübernahme (Migrationsbedarf),
- Abnahmekriterien (obligatorische, funktionale Anforderungen).

Werden alle IT-Anforderungen bzw. IT-Demands in einer Demand-Übersicht mit aktueller Statusinformation im Intranet veröffentlicht, kann der Demand-Manager den internen Kunden eine größtmögliche Transparenz bieten. Dafür lässt sich, je nach Umfang, eine Excel-Tabelle oder eine Datenbank einsetzen. Unternehmen, die den SAP-Solution-Manager nutzen, können ihn auch hierfür verwenden. Er ermöglicht eine direkte Aufgabenzuordnung zu den Mitarbeitern, die die Anforderungen umsetzen.

Anforderungen von Hard- und Software könnten ebenfalls als IT-Demands bezeichnet werden. Im Gegensatz zur Anforderung neuer Dienstleistungen haben sich hierfür allerdings weitgehend automatisierte Prozesse bewährt. Dafür ist ein Webshop zu empfehlen, in dem der IT-Warenkorb abgebildet wurde und Bestellvorgänge mit einem Genehmigungs-Workflow unterstützt werden.

5.13 IT-Leistungsverrechnung

Zentrale IT-Organisationen erbringen die in SLAs vereinbarten IT-Services als Shared-Service-Center und verrechnen die Kosten der erbrachten Leistungen an die Leistungsempfänger. Alle IT-Services werden in einem IT-Leistungskatalog bzw. einer IT-Preisliste mit Angaben zu Leistungsarten, SLA-Zuordnungen, Verrechnungseinheiten (Kostentreibern) und Verrechnungspreisen (s. Tab. 5.20) publiziert. Die Verrechnungseinheit wird dabei so gewählt, dass Leistungsempfänger sie einfach nachvollziehen und ihre Kosten über Mengenänderungen beeinflussen können.

Die verursachungsgerechte IT-Leistungsverrechnung trägt wesentlich zur partnerschaftlichen Zusammenarbeit von IT-Organisation und internen Kunden bei. Kunden erkennen den Wert erhaltener Leistungen leichter, wenn sie sich aufgrund eines kostendeckenden Verrechnungspreises automatisch Gedanken über den Nutzen machen.

Mit der verursachungsgerechten Leistungsverrechnung auf der Grundlage einheitlicher Verrechnungspreise pro Leistungsart entsteht für den internen Kunden eine hohe Kostentransparenz. Gleichzeitig bekommt er die Möglichkeit, mit Änderungen der Leistungsmengen die anfallenden Kosten zu beeinflussen.

Die immer noch weit verbreitete pauschale Umlage nach Mitarbeiteranzahl oder Umsatz pro Standort ermöglicht internen Kunden im Gegensatz zur Leistungsverrechnung keine Einflussnahme und führt somit zur Wahrnehmung des Dienstleisters als reinen Kostenfaktor.

Tab. 5.20 Auszug aus einer IT-Preisliste

Nr.	IT-Leistungen		SLA	Verrechnungs-einheit	Verrechnungs-preis pro Monat und Einheit (€)
1	SAP-ERP	Professional-User	ERP	User	195,00
		Limited-Profes-sional-User	–	–	95,00
2	SAP-BW	Employee-User	BW	User	44,00
3	SAP-HCM	Abrechnung für Aktive	HCM	Abrechnungsfall	6,50
		Abrechnung für Rentner	–	–	6,50
4	Computerarbeitsplatz mit Service-Desk		CAP, SD	Arbeitsplatz-computer	62,00
5	Anwendungsberatung und Projekt-unterstützung		Beratung und Projekte	Beratertag	700,00 (pro Tag und Person)

Für die IT-Organisation hat die verursachungsgerechte IT-Leistungsverrechnung v. a. kostenreduzierende Effekte. Kunden melden nicht mehr benötigte Leistungen (z. B. durch Rückgabe nicht mehr erforderlicher Computer und Freigabe von Lizenzen) und stellen keine unnötig hohen Anforderungen mehr (z. B. an die Systemverfügbarkeit). Bedarfsanforderungen von IT-Services und IT-Projekten erfolgen i. d. R. nur noch, wenn der Nutzen die Kosten überschreitet. So gelingt es, knappe Ressourcen effizient einzusetzen. Die höhere Transparenz der internen Kostenstrukturen erleichtert Benchmarks, die genutzt werden können, um Kosten und Leistungen weiter zu optimieren.

Verrechnungspreise werden stets im Rahmen der jährlichen Budgetplanung festgelegt und bleiben während eines Geschäftsjahres unverändert. Bei der Ermittlung der Verrechnungspreise ist eine Zuordnung erwarteter Kosten zu den definierten Leistungsarten vorzunehmen. Die resultierende Dienstleistungsartenkostenübersicht und aktuelle Benchmarks ermöglichen eine Überprüfung kalkulierter Verrechnungspreise. Anschließend wird mit den pro Leistungsart erwarteten Mengen, die mit den Verantwortlichen der einzelnen Gesellschaften abgestimmt sind, und den festgelegten Verrechnungspreisen die Dienstleistungsplanung erstellt.

Das internationale Steuerrecht fordert den Grundsatz des Fremdvergleichs (arm's length principle) bei der Festlegung der Verrechnungspreise innerhalb verbundener Unternehmen. Die Verrechnungspreise müssen einem Fremdvergleich standhalten. Außerdem gelten Aufzeichnungsvorschriften. Die Kalkulationsgrundlagen sind verständlich und nachvollziehbar zu dokumentieren. Dabei werden auch vorhandene Informationen über Fremdvergleichspreise erwartet. Handeln verbundene Unternehmen nicht nach diesem Grundsatz, führt dies zu einer Gewinnverschiebung zwischen ihnen. Das Unternehmen, das einen zu niedrigen Verrechnungspreis zahlt, weist einen höheren, das andere Unternehmen einen niedrigeren Gewinn aus als bei der Verrechnung marktüblicher

Preise. Dementsprechend fallen bei dem einen Unternehmen zu hohe, bei den anderen Unternehmen zu niedrige Steuern an.

Erbrachte Leistungen sind mit der Erfassung geleisteter Stunden, durchgeführter Abrechnungen etc. zu dokumentieren. Dies ist zur Nachvollziehbarkeit sowie als Grundlage für zukünftige Optimierungen erforderlich.

Die monatliche Leistungsverrechnung erfolgt gemäß Preisliste mit den aktuellen Abnahmemengen. Von Fachbereichen angeforderte IT-Projekte werden mit Tagessätzen nach Aufwand abgerechnet. Im Idealfall erzielt die IT-Organisation im Rahmen der Leistungsverrechnung am Geschäftsjahresende ein ausgeglichenes Ergebnis.

Für die zwischen den Unternehmenseinheiten zu erbringenden Leistungen sind die Inhalte, der Umfang und die Kosten vertraglich zu vereinbaren. Dazu wird zwischen verbundenen Unternehmen ein Dienstleistungsvertrag mit Bezug auf die gültigen SLAs abgeschlossen (s. Tab. 5.21). Für Organisationseinheiten innerhalb eines Unternehmens reichen die SLAs aus.

Tab. 5.21 Dienstleistungsvertragsbestandteile

Bestandteil	Erläuterung
Vertragspartner	• Angabe der Namen und Adressen der beiden Unternehmen
Vertragsgegenstand	• Es geht um die Bereitstellung von IT-Services entsprechend gültiger SLAs
Vergütung	• Es erfolgt eine monatliche Abrechnung entsprechend der gültigen IT-Preisliste
Gewährleistung und Haftung	• Falls ein vereinbarter Service schuldhaft nicht bereitgestellt wurde, ergreift der Dienstleister sofort notwendige Korrekturmaßnahmen • Die Haftung beschränkt sich auf Absicht und grobe Fahrlässigkeit
Dauer und Beendigung	• Die Vereinbarung gilt ein Jahr und verlängert sich automatisch um jeweils ein Jahr, wenn sie nicht 6 Monate vor Ablauf gekündigt wird
Anwendbares Recht	• Es gilt deutsches Recht • Streitigkeiten werden entsprechend den Schiedsregeln der Deutschen Institution für Schiedsgerichtsbarkeit geklärt
Vollständigkeitserklärung	• Die Vereinbarung ist vollständig • Änderungen erfordern die Schriftform und sind von beiden Vertragspartnern zu unterzeichnen
Salvatorische Klausel	• Sollten einzelne Bestimmungen dieses Vertrages unwirksam oder undurchführbar sein oder nach Vertragsschluss unwirksam oder undurchführbar werden, bleibt davon die Wirksamkeit des Vertrages im Übrigen unberührt • Die Parteien verpflichten sich, anstelle der unwirksamen Bestimmung eine dieser Bestimmung möglichst nahekommende wirksame Regelung zu treffen
Anlagen	• SLAs • IT-Preisliste
Datum und Unterschriften	• Datum der Unterzeichnung und handschriftliche Unterschriften der Vertragspartner

5.14 IT-Risikomanagement

Das IT-Risikomanagement ist eine Führungsaufgabe zur Sicherstellung der Kontinuität des Geschäftsbetriebs. Sie betrifft sowohl den IT-Betrieb als auch IT-Projekte und beinhaltet die Erfassung, Bewertung, Behandlung sowie Überwachung von Risiken.

Vom BSI [10] werden folgende Gefährdungskategorien unterschieden:

- elementare Gefährdungen,
- höhere Gewalt,
- organisatorische Mängel,
- menschliche Fehlhandlungen,
- technisches Versagen,
- vorsätzliche Handlungen.

Daraus resultierende Risiken sind beispielsweise:

- der Verlust geschäftskritischer Daten,
- der Ausfall eines unternehmenskritischen Systems,
- die unerlaubte Verwendung vertraulicher Informationen,
- Verstöße gegen rechtliche Vorschriften,
- die Nichterreichung von Projektzielen in unternehmenskritischen Projekten.

Als erster Schritt zum IT-Risikomanagement ist eine Risikoanalyse durchzuführen, in der die vorhandenen und zukünftigen Risiken erfasst und ihre Eintrittswahrscheinlichkeit sowie das Schadenspotenzial abgeschätzt werden (s. Abb. 5.29). Die Abschätzung erfolgt am besten im Team. Sie ist am einfachsten, wenn dafür Stufen verwendet werden (z. B. klein: ≤ 1 Mio. €, mittel: 1,1 bis 5 Mio. €, groß: > 5 Mio. €).

Später erfolgt für signifikante, nicht vermeidbare Risiken in regelmäßigen Abständen ein Risiko-Reporting (s. Abb. 5.30) mit aktueller Abschätzung der Eintrittswahrscheinlichkeit und der potenziellen Schadenshöhe, um über Risikorückstellungen zu entscheiden.

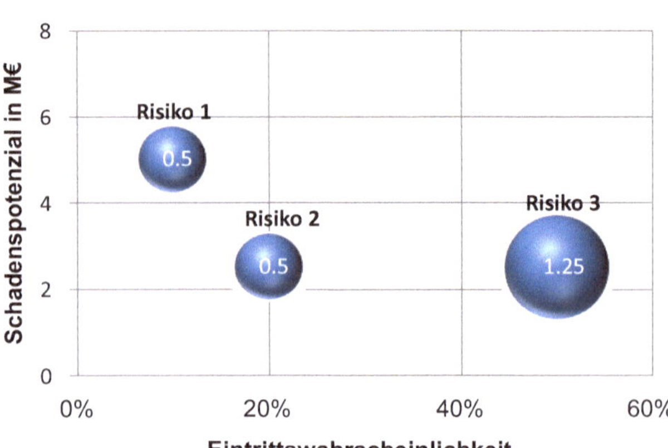

Abb. 5.29 Ergebnis einer Risikoabschätzung

Risiko:	**Geschäftskritische Daten - Verlust von Daten oder Datenintegrität**
Risiko-Kategorie:	Betriebsrisiko
Änderung zu Vorquartal:	-
Risikobeschreibung	Verlust geschäftskritischer Daten (keine Verfügbarkeit mehr), Diebstahl geschäftskritischer Daten (Verlust der Vertraulichkeit), Manipulation / unbeabsichtigte Änderung der Daten (Verlust der Integrität und Verbindlichkeit)
Risiko-Ursachen	Menschliches Versagen lässt sich nicht ausschließen. Weiterhin hat die letzte Sicherheitsanalyse gezeigt, dass nicht alle Führungskräfte ihre Mitarbeiter jährlich zur Security-Policy unterweisen. Sie wissen teilweise nicht, wie man sich sicherheitsbewusst verhält.
Frühwarnindikatoren (Welche? Wie werden diese beobachtet?)	Wiederholter Ausfall von Systemen. Zunahme gesperrter Accounts / fehlerhafter Kennworteingaben (Indikator für Missbrauch von Benutzernamen und Passwörtern). Feststellung von Systemkompromittierungen.
Risikosteuerung / Vorbeugemaßnahmen (ergriffene Maßnahmen vor Risikoeintritt)	Einführung einheitlicher IT-Sicherheitsstandards, Überprüfung der Datensicherungsprozesse, Einführung eines systematischen Change-Management-Prozesses, Aufbau dreistufiger Systeme (Entwicklung, Test, Produktion), Nutzung von Zugriffssicherungen, Review kritischer Zugriffsrechte, konsequente Umsetzung des 4-Augen-Prinzips, Funktionstrennung zwischen IT und Fachabteilungen, Durchführung regelmäßiger Notfall- und
Eventualmaßnahmen (nach Risikoeintritt)	Wiederherstellung der Daten aus Datensicherungen, gegebenenfalls Auswertung von Logfiles zur Ermittlung des Verursachers und Einleitung rechtlicher Schritte, wenn erforderlich.

Risikobewertung (Netto-Schadenshöhe, Ergebnis- und Liquiditätswirkung, Eintrittswahrscheinlichkeitsklasse)

vorauss. Ergebnis-/ Liquiditätswirkung	Netto-Schadenshöhe (in MEUR) 2015		2016		2017		2018		2019		kumuliert		Eintrittswahrschein.-klasse
	2,0	2,0	2,0	2,0	2,0	2,0	2,0	2,0	2,0	2,0	10,0	10,0	1 - 10%

Anmerkungen (zur Risikobewertung und zur Berücksichtigung des Risikos in der Mittelfristplanung)	

Abb. 5.30 Risiko-Report

Im Rahmen des IT-Risikomanagements ist in eine Gefährdungsanalyse für jedes unternehmenskritische System durchzuführen. Dabei ist zu erfassen, welche Sicherheitsvorkehrungen bereits getroffen wurden (z. B. Redundanz, Wartungsvertrag mit 6 h Wiederherstellzeit, tägliche Datensicherung), welche Risiken weiterhin bestehen und welche zusätzlichen Maßnahmen zur Absicherung empfohlen werden. Daraus ergibt sich dann ein Realisierungsplan mit Verantwortlichen, Terminen und Kosten.

Für alle erkannten, kritischen Risiken sind vorbeugende und korrigierende Maßnahmen abzustimmen (s. Tab. 5.22 und 5.23).

Tritt ein Risiko ein, dann hilft ein erprobter Notfallplan, die Schäden gering zu halten. Notfallpläne sollte es sowohl in den Geschäftsbereichen geben, die unternehmenskritische IT-Systeme nutzen und einen unerwarteten Ausfall überbrücken müssen, als auch in

Tab. 5.22 Risikoverringernde Maßnahmen

Risikoart	Maßnahmen
Personelle Risiken	• Vertretungsregelung, Rechte und Pflichten eines Administrators, Notfallübungen, Arbeitsschutzunterweisungen, Personalentwicklungspläne, Mobiltechnologie zur Sicherstellung der Erreichbarkeit
Technische Risiken	• Redundanz, Ersatzteile, Wartungsverträge, Systemüberwachung mit zentralem Netzwerk- und Systemmanagement zur automatischen Ausfallsignalisierung und Alarmierung, eine regelmäßige Datensicherung, Berechtigungssysteme, eine restriktive Vergabe von Administratorrechten nach dem Least-Privilege-Prinzip, automatische Softwareverteilung für Patches und Virensignaturen, Verschlüsselung für vertrauliche Daten, elektronische Signatur bei verbindlicher Kommunikation, Firewalls, Spamfilter, URL-Filter bzw. Content-Filter, Virenscanner, Architekturstandard zur Vermeidung von Inkompatibilität, Service-Desk und Eskalationsprozedur für den Informationsfluss, Root-Cause-Analyse für häufige Incidents
Organisatorische Risiken	• Prozessstandards, Notfallpläne (Wer tut in welcher Reihenfolge was?), Corporate-Security-Policy, IT-Sicherheitsstandard, Sicherheitsanalysen, -konzepte, -schulungen und -kontrollen • Vertragliche Risiken: SLAs, Penalties, Haftungsklauseln, Sonderkündigungsrecht, Vertragsprüfungen, Vertragsverwaltung, Unterschriftenregelung, Multisourcing-Strategie, Dienstleister- und Lieferantenbewertung
Physische Risiken	• Zutritts- und Zugriffskontrolle mittels konsequenter Authentisierung und Autorisierung (Berechtigungskonzept), Gebäudesicherheit, Verkabelungsschutz
Umweltrisiken	• Klimatisierung, Wassermelder, Feuermelder, Blitzschutz, USV, Staubvermeidung

IT-Organisationen, die einen schnellen Wiederanlauf sicherstellen müssen. Sie legen fest, wer über einen Notfall informiert wird und wer was in welcher Reihenfolge tut.

IT-Organisationen können die Notfallpläne für die verschiedenen unternehmenskritischen IT-Systeme (z. B. ERP-System, E-Mail-System, TK-System) in einem IT-Notfallhandbuch zusammenfassen. Es enthält für jedes unternehmenskritische IT-System folgende Informationen:

- einen Alarmierungsplan mit den Kontaktdaten der zuständigen Ansprechpartner,
- den Wiederanlaufplan mit dem dafür vorgesehenen Zeitrahmen,
- die zu erwartenden Einschränkungen im Notbetrieb,
- die Zusammensetzung des Wiederanlaufteams,
- eine kurze Systemdokumentation.

Tab. 5.23 Auszug aus einem IT-Risikomanagementhandbuch

Risiko	Überwachungstool	Eingriffsgrenze, Kennzahl	Verantwortlich	Maßnahmentyp	Maßnahme
Verlust geschäftskritischer Informationen	Mitarbeitermeldung (i. d. R. beim Service-Desk)	Bei Bekanntwerden, keine Kennzahl vorhanden	IT und Fachbereich	Vorbeugend	Know-how-Entwicklung, technische Schutzmaßnahmen, Security-Policy, Prozessstandard: regelmäßige Datensicherung
				Korrigierend	Data-Recovery und Ursachenbehebung (falls technisches Problem)
Ausfall von Top-6-Systemen	Netzwerk- und Systemmanagement	Bei Bekanntwerden, Verfügbarkeit	IT	Vorbeugend	Alle Maßnahmen aus Tab. 5.22
				Korrigierend	Alarmierung und weiteres Vorgehen gemäß Notfallplan
Unerlaubte Verwendung vertraulicher Informationen	Mitarbeitermeldung, Hinweise externer Personen	Bei Bekanntwerden, keine Kennzahl vorhanden	Fachbereich	Vorbeugend	Security-Policy, Datenschutzklausel, IT-Sicherheitsunterweisungen, NDAs in Verträgen mit Externen
				Reagierend	Einleitung rechtlicher Schritte, Haftbarmachung
Verletzung der Gebäudesicherheit	Alarmanlage, Videoaufzeichnungen nach Einschaltung über Bewegungsmelder	Bei Bekanntwerden, keine Kennzahl vorhanden	Wachdienst und IT	Vorbeugend	Zutritts- und Zugriffskontrolle, Gebäudesicherheit
				Korrigierend	Wiederherstellung der Gebäudesicherheit, Ermittlung der Folgen und Beseitigung der Ursache
Rechtliche Gefährdung	Content-Filter, Spam-Filter, Virenscanner, Software-Inventory-Tool, Audits	Bei Bekanntwerden, keine Kennzahl vorhanden	IT und Fachbereich	Vorbeugend	Unterweisungen, Audits, Berechtigungssysteme, keine Adminrechte außerhalb der IT, Security-Policy
				Reagierend	Ursachenbeseitigung, Ermahnung, Abmahnung, Einleitung rechtlicher Schritte, Haftbarmachung

(Fortsetzung)

Tab. 5.23 (Fortsetzung)

Risiko	Überwachungstool	Eingriffsgrenze, Kennzahl	Verantwortlich	Maßnahmentyp	Maßnahme
Schädigung durch Fehler von Mitarbeitern	Mitarbeitermeldung (i. d. R. beim Service-Desk), Netzwerk- und Systemmanagement	Bei Bekanntwerden, keine Kennzahl vorhanden	IT und Fachbereich	Vorbeugend	Know-how-Entwicklung, technische Schutzmaßnahmen, Sicherheitsstandards, Zugriffsschutz etc.
				Korrigierend	Schadensbehebung und Einleitung von Maßnahmen, die die Gefahr einer Wiederholung reduzieren
Kriminelle Aktivität Externer (z. B. Social Engineering, Hacking)	Mitarbeitermeldung (i. d. R. beim Service-Desk), Hinweise externer Personen	Bei Bekanntwerden, keine Kennzahl vorhanden	IT und Fachbereich	Vorbeugend	Technische Schutzmaßnahmen, Prozessstandards, Security-Policy, Zutritts- und Zugriffskontrolle, Gebäudesicherheit
				Reagierend	Schadenseingrenzung und Einleitung von Maßnahmen, die die Gefahr einer Wiederholung reduzieren, Nutzung rechtlicher Möglichkeiten
Naturkatastrophen	Netzwerk- und Systemmanagement, Feuermelder, Wassermelder, Wachdienst etc.	Bei Bekanntwerden, keine Kennzahl vorhanden	IT, Feuerwehr etc.	Vorbeugend	Vertretungsregelung, Redundanz, Systemüberwachung, Support-Verträge, Blitzschutz, Verkabelungsschutz etc.
				Korrigierend	Alarmierung und weiteres Vorgehen gemäß Notfallplan
Nichterreichung von Projektzielen bei unternehmenskritischen Projekten	Projektmanager, Zeiterfassung, SAP-Innenaufträge, Lastenheft	Bei erkennbarer Gefährdung, Projekteffektivität	IT und Auftraggeber	Vorbeugend	Vertretungsregelung, Prozessstandards, Penalties, Werkverträge etc.
				Korrigierend	Einleitung von Korrekturmaßnahmen, ggf. Fallback-Lösung aktivieren

Eine Notfallalarmierung erfolgt meist über zwei getrennte Wege, über eine Gefahrenmeldeanlage zum Sicherheitsdienst, der die Feuerwehr und die IT-Rufbereitschaft telefonisch alarmiert, sowie über die System- und Netzwerküberwachung, die elektronische Nachrichten versendet.

Unternehmenskritische IT-Systeme werden i. d. R. so betrieben, dass für sie im Notfall eine Umschaltung auf ein Ersatzsystem in einem Backup-Rechenzentrum möglich ist. Dementsprechend beschreibt der Wiederanlaufplan diese Umschaltung. Voraussetzung dafür ist, dass die Daten über Kreuz gesichert werden, d. h. die Daten der Server eines Rechenzentrums werden im jeweils anderen Rechenzentrum gesichert. Die mit den Nutzern vereinbarten Wiederherstellzeiten für die IT-Systeme sind den jeweiligen Service-Level-Agreements zu entnehmen.

Für nicht unternehmenskritische Systeme werden keine Notfallpläne benötigt. Falls eins ausfällt, ist Ersatzhardware zu beschaffen, das System neu aufzubauen und mit den Daten aus der letzten Datensicherung zu versehen.

Unternehmen reduzieren ihre Risiken auch im Rahmen des IT-Compliance-Managements (s. Abschn. 5.5 und Tab. 5.24) mit der Einhaltung und Umsetzung regulatorischer Anforderungen.

Tab. 5.24 Komponenten der IT-Compliance

Komponente	Erläuterung
Kontrollsystem	• Einhaltung von Sorgfaltsanforderungen aus dem GmbH-Gesetz (GmbHG) und dem Aktiengesetz (AktG), u. a. aus § 43 GmbHG sowie § 93 und 116 AktG • Aufbau eines internen Kontrollsystems, inkl. Risiko-Management-Prozessen sowie Risikofrüherkennungssystemen, zur Erfüllung der Informations- sowie Dokumentationspflichten mithilfe der IT
IT-Sicherheit	• Die im Unternehmen vorhandenen IT-Systeme sind wirksam gegen Angriffe von innen und außen zu schützen • Betreiber kritischer Infrastruktur aus den Sektoren Energie, Informationstechnik und Telekommunikation, Transport und Verkehr, Gesundheit, Wasser, Ernährung sowie Finanz- und Versicherungswesen mit hoher Bedeutung für das Funktionieren des Gemeinwesens sind gemäß IT-Sicherheitsgesetz verpflichtet, erhebliche Störungen der Verfügbarkeit, Integrität, Authentizität und Vertraulichkeit ihrer IT-Systeme, Komponenten oder Prozesse, die zu einem Ausfall oder einer Beeinträchtigung der Infrastruktur führen können oder geführt haben, unverzüglich der Kontaktstelle des BSI zu melden
Lizenzrecht	• Korrekte Lizenzierung der im Unternehmen eingesetzten Software
Datenschutz	• Einhaltung der Bestimmungen des Bundesdatenschutzgesetzes (BDSG) wie z. B. § 9 mit dazugehöriger Anlage zu technischen und organisatorischen Schutzmaßnahmen und § 11 zur Auftragsdatenverarbeitung

(Fortsetzung)

Tab. 5.24 (Fortsetzung)

Komponente	Erläuterung
Datenaufbewahrung	• Einhaltung der „Grundsätze ordnungsgemäßer Buchführung" (GoB) und der „Grundsätze ordnungsgemäßer DV-gestützter Buchführungssysteme" (GoBS) zur revisionssicheren Ablage von Geschäftsbelegen: u. a. müssen Buchungen vollständig, richtig, zeitgerecht und geordnet erfolgen, eine einmal erfolgte Buchung darf nicht mehr verändert werden, die Geschäftsvorfälle müssen retrograd und progressiv prüfbar bleiben, das Buchungsverfahren ist zu dokumentieren, die Daten sind zu sichern, um sie vor einem Verlust zu schützen, gesetzliche Aufbewahrungsfristen sind einzuhalten • Aufbewahrung digitaler Unterlagen und Mitwirkung bei Betriebsprüfungen gemäß den „Grundsätzen zum Datenzugriff und zur Prüfbarkeit digitaler Unterlagen" (GDPdU)

5.15 IT-Asset- und Lizenzmanagement

IT-Organisationen benötigen verlässliche, aktuelle Informationen über die von ihnen betreute IT-Landschaft, um den Service in vereinbarter Qualität erbringen zu können, unnötige Kosten zu vermeiden und Compliance-Anforderungen zu erfüllen. Sie müssen wissen, welche Hard- und Software-Lösungen es im Unternehmen gibt, wo sie sich befinden und wie sie von wem genutzt werden.

Dabei hilft ein zentrales IT-Asset-Managementsystem. In ihm werden aktuelle und historische Informationen über die IT-Assets erfasst, sodass auch Änderungen nachvollziehbar sind. Software-Asset-Managementsysteme unterstützen mit einem Softwarekatalog die korrekte Erkennung installierter Software sowie dazugehöriger Lizenztypen wie z. B. CPU-Lizenzen, Device- oder User-CALs. Zur Unterstützung von Software-Audits lassen sich Lizenzbilanzen erstellen.

Die Informationen über die IT-Assets kommen aus verschiedenen Quellen. Aus dem Configuration-Managementsystem, wie dem Microsoft-System-Center-Configuration-Manager, stammen aktuelle, technische Konfigurationen. Sie werden ergänzt durch Nutzerdaten aus einer Nutzerverwaltung, wie dem Active Directory. Kostenstellen und kaufmännische Bewertungen lassen sich aus dem Buchhaltungssystem hinzufügen. Im Dokumentenmanagementsystem abgelegte Verträge können ebenfalls zugeordnet werden.

IT-Assets sind alle IT-Systeme und Software-Lizenzen, die einem Unternehmen gehören. Tab. 5.25 zeigt, welche Informationen über IT-Assets i. d. R. erfasst werden.

Das Lizenzmanagement ist für Unternehmen ein unverzichtbares Steuerungsinstrument, um Software entsprechend den Nutzungsbedingungen der Hersteller einzusetzen. Für die Benutzung von Software benötigen Nutzer eine Genehmigung des Urhebers, eine gültige Lizenz. Die Nutzung ohne Lizenz ist illegal und strafbar. Neben strafrechtlichen Konsequenzen drohen auch Schadenersatzansprüche der Software-Firma. Die Zustimmung des Urhebers zur Nutzung erfolgt bei kommerzieller Software in Form von

Tab. 5.25 IT-Asset-Informationen

Kategorie	Inhalt
Hardware	• Übersicht über alle erfassten Systeme mit ihrer Konfiguration • Zugeordnete Informationen aus den Kauf- und Wartungsverträgen, wie Anschaffungszeitpunkt, Kaufpreis, Garantielaufzeit, Wartungsvertragsdauer etc. • Informationen zur Abschreibung oder zum Leasing-Zeitraum • Lieferanten und Servicepartner • Zuordnung zum Benutzer, Standort, Raum, Organisationseinheit und Kostenstelle • Netzwerkanschlüsse
Software	• Übersicht über installierte Software mit einheitlicher Benennung von Lieferanten, Produkten, Versionen, Editionen und einer Kennzeichnung als nicht lizenzpflichtig, lizenziert (legal), nicht lizenziert (illegal), unerwünscht • Nutzungshäufigkeit der Software (Metering) • Lizenzzuweisung zu Systemen und Benutzern • Übersicht erworbener Lizenzen mit Upgrade- und Downgrade-Rechten sowie Hinweisen zur Über- oder Unterlizenzierung • Informationen zu durchgeführten Upgrades und Downgrades sowie geladenen Updates • Verwaltung von Produktschlüsseln mit Information über zugewiesene Systeme
Benutzer	• Name, Organisationseinheit, Kostenstelle
Verträge	• Vertragsinformationen zu Kauf, Miete bzw. Leasing, Garantie, Wartung und Support • Informationen über erworbene Software-Nutzungsrechte und Lizenztypen (z. B. pro Client, pro User, pro CPU) • Übersicht über alle Software-Rahmenverträge • Lizenznachweise

Lizenzverträgen, die festlegen, unter welchen Voraussetzungen ein Programm wie oft installiert werden darf. Lizenzen von installierten Programmen sind Vertragsdokumente und entsprechend aufzubewahren, um die Nutzungsrechte bei Bedarf nachweisen zu können.

Es gibt vielfältige Lizenzmodelle. Tab. 5.26 gibt einen Überblick über übliche Varianten.

Aus dem Einsatz von IT-Asset-Managementsystemen ergeben sich folgende Vorteile:

- Lizenzrechtsverletzungen sind leichter vermeidbar,
- unnötige Kosten für den Erwerb und die Wartung von zu vielen Softwarelizenzen entfallen,
- Lizenzverträge können optimiert werden,
- der Aufwand von Lizenzaudits sinkt,
- IT-Serviceprobleme sind schneller lösbar,
- fehlerhafte Infrastrukturentscheidungen lassen sich vermeiden, wenn alle notwendigen Informationen aktuell vorliegen,
- nicht verwendete Hard- und Software wird erkannt und kann zurückgefordert werden, um sie woanders erneut einzusetzen und unnötige Neuanschaffungen und Servicegebühren zu vermeiden,

- nicht mehr benötigte IT-Assets werden erkannt und können abgebaut werden,
- veraltete, weiterhin erforderliche IT-Assets lassen sich rechtzeitig erneuern.

Tab. 5.27 beschreibt, wie sich ein IT-Asset-Management aufbauen und dauerhaft mit den erforderlichen Prozessen, Rollen und Richtlinien operativ betreiben lässt.

Tab. 5.26 Software-Lizenzmodelle

Merkmale	Varianten
Lizenzart	• Einzel- oder Mehrplatzlizenz sowie Volumen-, Standort- oder Unternehmenslizenz
Lizenzklasse	• Vollversion, Upgrade-Version, Update, Add-On, Client Access License (CAL)
Lizenztyp	• Gerät, CPU, Core, virtuelle Maschine (VM)
Lizenzmetrik (für die Lizenzberechnung)	• Nutzung pro Gerät, Named User, Concurrent User, CPU-Anzahl, Processor-Value-Units (PVUs), Zeitraum, Session, Transaktionsanzahl
Lizenzbindung	• OEM-Lizenzen sind an die Hardware gebunden, mit der sie geliefert werden
Lizenzverbote	• Es gibt Weitergabeverbote, Veräußerungsverbote und Vermietverbote
Lizenzumfang	• Nicht ausschließlich bzw. einfach oder ausschließlich, räumlich begrenzt oder unbegrenzt, zeitlich begrenzt oder unbegrenzt, inhaltlich beschränkt oder unbeschränkt

Tab. 5.27 IT-Asset-Management-Einführungsschritte

Schritt		Erläuterung
1.	Zuständigkeit festlegen	• Benennung eines IT-Asset- und Lizenzmanagers • Übertragung notwendiger Rechte und Pflichten • Bekanntmachung als Single Point of Contact, insbesondere für das Lizenzmanagement (organisatorisch, administrativ, technisch und lizenzrechtlich)
2.	IT-Asset-Managementsystem aufbauen	• Auswahl und Installation eines IT-Asset-Managementsystems sowie Verbindung des Systems mit den verfügbaren Datenquellen
3.	Datensammlung	• Erfassung der Daten der IT-Assets im IT-Asset-Managementsystem, sodass ein Überblick über die installierte Software, erworbene Lizenzen und verwendete Hardware entsteht • Der Software-Bestand lässt sich in komplexen IT-Umgebungen nur mit Toolunterstützung ermitteln und im Software-Register erfassen • Die Lizenzinventur erfordert die Analyse vorhandener Lizenzverträge, um im Lizenzregister Lizenzschlüssel, Vertragsform, Laufzeit und Kündigungsfristen, Nutzungsrechte und Nutzungsbeschränkungen zu erfassen

(Fortsetzung)

Tab. 5.27 (Fortsetzung)

Schritt		Erläuterung
4.	Standardisierung von Beschaffungsprozessen, Installationsprozessen und Software-Versionen	• Beschaffung von Hard- und Software: Zentralisierung der Planung und Beschaffung, um beste Konditionen, Kompatibilität, Transparenz und Compliance sicherzustellen • Installation von Software: Die Installation von Software darf nur durch berechtigte IT-Mitarbeiter erfolgen, die stets darauf achten, dass geltende Schutz- und Lizenzrechte eingehalten werden; wenn ein Computernutzer, der nicht zur IT-Organisation gehört, im Ausnahmefall Administratorrechte auf seinem Computer erhält, muss er eine Erklärung unterzeichnen, mit der er rechtsverbindlich die Einhaltung festgelegter Administratorpflichten bestätigt • Verringerung der Software-Vielfalt: Vereinfachung der Software-Umgebung durch Vereinheitlichung von Software-Versionen, soweit dies erworbene Up- und Downgrade-Rechte sowie vorhandene Anforderungen zulassen
5.	Lizenznachweise	• Lizenznachweise und Datenträger sollten zentral und sicher aufbewahrt werden • Zur Aufbewahrung ist eine geeignete Organisationsstruktur festzulegen und das Verfahren zu beschreiben
6.	Lizenzvereinbarungen	• Für den regelmäßigen Software-Bedarf sind Rahmenverträge meist am kostengünstigsten • Nach der Prüfung möglicher Lizenzmodelle ist zu entscheiden, was zur Software-Nutzung im Unternehmen am besten passt
7.	Compliance-Check	• Kontinuierlicher Abgleich des Software-Inventars mit dem Lizenzinventar durch automatische Filterungen, Verknüpfungen und Vergleiche • Regelmäßige Überprüfung der Lizenzbilanzen (Compliance Report) und Einleitung erforderlicher Korrekturen

5.16 BI-Management

Unter Business-Intelligence (BI) werden Verfahren zur systematischen Erfassung, Auswertung und Darstellung geschäftlicher Daten verstanden, um Führungskräften in Unternehmen bessere operative und strategische Entscheidungen zu ermöglichen.

Die Steuerung des Ausbaus und der Pflege eines zentralen Berichtssystems erfordert einen Business-Intelligence-Manager (BI-Manager), der im zentralen Controlling oder in der zentralen IT-Organisation eingeordnet werden kann. Im Einzelnen hat er die in Tab. 5.28 beschriebenen Aufgaben.

Tab. 5.28 Aufgaben eines BI-Managers

Aufgabe	Erläuterung
Standardisierung von Kennzahlen und Berichten	• Entwicklung, Abstimmung und Implementierung von unternehmensweiten KPIs und Berichtsstandards (Struktur, Inhalt, Zeiträume)
Koordination der Berichtserstellung	• Koordinierung der Einrichtung von neuen Berichten durch Key-User, um Überschneidungen, Mehrfachaufwand und unnötige Systembelastungen zu vermeiden
Gewährung von Zugriffsrechten	• Abstimmung und Freigabe von Zugriffsrechten auf das Berichtssystem
BI-Anforderungsmanagement	• Erfassung und Abstimmung neuer Anforderungen an das Berichtssystem
Datenqualitätsüberwachung	• Übernahme der Verantwortung für die Vollständigkeit und Korrektheit kritischer Daten im Berichtssystem
BI-Beratung	• Beratung von Führungskräften im Unternehmen
BI-Projektsteuerung oder -beteiligung	• Management von BI-Projekten oder Beteiligung daran (Spezifikation, Test, Dokumentation, Entwicklung des Berechtigungskonzepts)

Dazu sind mehrere Jahre Berufserfahrung im Controlling und Konzernberichtswesen sowie umfangreiches technisches Know-how zu Berichtssystemen sehr nützlich.

Der BI-Manager arbeitet mit dem IT-Server-Center, das den Systembetrieb verantwortet, mit dem IT-Solution-Center, das die Systementwicklung und -optimierung sowie Key-User-Trainings übernimmt, sowie den Unternehmensbereichen, die Daten bereitstellen und pflegen sowie eigene Berichte erstellen, zusammen.

Mit dem starken Wachstum des Datenvolumens durch das Internet der Dinge und die Digitalisierung hat auch die Bedeutung von Data Scientists bzw. Datenwissenschaftlern, die Big-Data-Abfragen richtig definieren und die Ergebnisse interpretieren können, stark zugenommen. Große Investitionen in für ihre Arbeit erforderliche Big-Data-Analyse-Plattformen lassen sich mit den Cloud-Service-Angeboten von Amazon, Google, Microsoft, IBM und SAP (d. h. mit Amazon-Web-Services, Google Cloud-Plattform, Microsoft Azure, IBM Analytics und der SAP HANA Cloud Plattform) vermeiden.

5.17 Master Data Management

Korrekte Stammdaten sind eine wesentliche Voraussetzung für störungsfreie Geschäftsprozesse.

Das Master-Data-Management bzw. Stammdatenmanagement ist v. a. für die Definition von Stammdatenpflege- und -anlageprozessen verantwortlich.

Der Stammdatenmanager arbeitet übergreifend über alle Organisationseinheiten einer Unternehmensgruppe. Er schafft die organisatorischen und technischen Voraussetzungen für einheitliche, konsistente, vollständige und fehlerfreie Stammdaten (d. h. Produktdaten, Kundendaten, Lieferantendaten, Konditionsdaten etc.) in allen Transaktions-, Berichts- und Analysesystemen. Tab. 5.29 beschreibt seine Aufgaben.

Der Stammdatenmanager hat besondere Bedeutung für ERP-System-Rollouts, da die vollständige, fehlerfreie Stammdatenaufbereitung eine wesentliche Grundvoraussetzung für die spätere korrekte Funktion des Systems ist.

Tab. 5.29 Aufgaben eines Stammdatenmanagers

Tätigkeit	Erläuterung
Beratung	• Zentraler Ansprechpartner zu Stammdatenmanagementthemen • Anwendungsbetreuung im SAP-Stammdatenumfeld
Moderation	• Moderation von Stammdatenmanagement-Workshops • Protokollierung der Workshop-Ergebnisse und Verfolgung vereinbarter Aktivitäten
Standardisierung	• Abstimmung der Verantwortung für die verschiedenen Stammdatentypen mit den Fachbereichen • Definition und Beschreibung von einheitlichen Datenstrukturen und Bezeichnungen (Nummerierungen) sowie von Anlage- und Pflegeprozessen in enger Zusammenarbeit mit den für die Daten verantwortlichen Fachbereichen
Optimierung, Umsetzung und Kontrolle der Einhaltung der Standards	• Kontinuierliche Optimierung der Stammdatenstandards inkl. des Anforderungs- und Change-Managements für die Standards • Steuerung der Umsetzung definierter Stammdatenstandards inkl. dem Key-User-Training • Kontrolle der Einhaltung der Stammdatenstandards (u. a. Tests der Datenqualität sowie Monitoring und Auditierung von Pflegeprozessen)
Reporting	• Statusberichte zur Datenqualität und zu Prozessproblemen
Training	• Durchführen von Key-User-Schulungen
Harmonisierung und Bereitstellung von Stammdaten	• Steuerung der Stammdatenaufbereitung für Rollout-Projekte • Organisation und Mitarbeit bei der Stammdatenharmonisierung und Duplikatseliminierung • Organisation und Bereitstellung standardisierter Stammdaten für neu gegründete Gesellschaften • Aufbau einer zentralen Stammdatenbibliothek für die Unternehmensgruppe
Prozessoptimierung	• Kontinuierliche Ermittlung von Verbesserungspotenzialen • Entwicklung von Lösungen, z. B. in Workshops, sowie Umsetzung der Lösungen und Verfolgung der Termine

5.18 KPIs

Kein Unternehmen kommt ohne Kennzahlen bzw. „Key Performance Indicators“ (KPIs) aus. Komplexe Sachverhalte lassen sich mit ihnen verhältnismäßig einfach verfolgen. Erfüllungsgrade wichtiger Zielsetzungen oder kritischer Erfolgsfaktoren können mit ihnen gemessen und dargestellt werden.

Kennzahlen sind unverzichtbar, um richtige Entscheidungen zu treffen. Dabei ist zu berücksichtigen, dass nur die Ist-Zahlen abgesichert sind. Plan-Zahlen stellen dagegen Erwartungen und Ziele dar.

Nicht ohne Grund wird oft gesagt, dass man nicht lenken kann, was man nicht misst. Erfolge lassen sich am besten mit Messergebnissen nachweisen. Kennzahlen, die vor und nach Verbesserungsmaßnahmen ermittelt wurden oder vor und während strategischer Veränderungen, belegen objektiv, was sich verändert hat. Auch die Einhaltung vereinbarter Service-Levels wird gemessen und mit Kennzahlen publiziert. Darüber hinaus sind Kennzahlen die Grundlage für Leistungsvergleiche im Rahmen eines Benchmarkings, um Entwicklungspotenziale zu ermitteln.

Das IT-Controlling und der IT-Service-Level-Manager versorgen die IT-Führungskräfte mit steuerungsrelevanten Kennzahlen. Ihre kontinuierliche Ermittlung und Kontrolle ermöglicht es, Fortschritte und Probleme frühzeitig zu erkennen und bei Bedarf unverzüglich korrigierend einzugreifen.

Die Balanced Scorecard deckt mit ihren 4 Perspektiven, Finanzen, Kunden, Prozesse und Mitarbeiterentwicklung, wesentliche Erfolgsfaktoren eines Unternehmens ab. Abb. 5.31 zeigt ein Beispiel einer Balanced Scorecard für eine IT-Organisation. Gelegentlich werden dafür auch die Begriffe „CIO Dashboard“, „Management Dashboard“ oder „Management Cockpit“ verwendet.

Zur Verfolgung der Umsetzung der IT-Strategie kann eine Top-Level-Balanced-Scorecard verwendet werden, die jährlich aktualisiert wird (s. Abb. 5.13).

Eine weitere wichtige Kennzahlenübersicht für IT-Organisationen ist der monatliche Service-Level-Report (s. Abb. 5.28).

	2015														
	Soll	Ø Ist	Jan	Feb	Mrz	Apr	Mai	Jun	Jul	Aug	Sep	Okt	Nov	Dez	Kommentare zu aktuellen Abweichungen
Finanzen															
Anteil IT-Gesamtkosten am Umsatz der Unternehmensgruppe	≤ 1,8%	1,11%	1,11%	1,11%	1,11%	1,11%	1,11%	1,12%	1,15%	1,14%	1,11%	1,10%	1,10%	1,01%	
Anteil IT-Gesamtkosten DE am Umsatz in Deutschland	≤ 1,8%	1,29%	1,34%	1,34%	1,31%	1,31%	1,30%	1,33%	1,35%	1,34%	1,27%	1,25%	1,25%	1,13%	
IT-Betriebskosten je Mitarbeiter der Unternehmensgruppe	≤ 3.000 Euro	1.564	1.527	1.527	1.533	1.540	1.529	1.564	1.623	1.606	1.596	1.599	1.596	1.507	
Ausschöpfung des IT-Budgets im Geschäftsjahr	≤ 100%	-	9,7%	16,7%	24,4%	30,7%	37,4%	43,8%	49,6%	58,4%	66,4%	72,4%	79,4%	80,4%	
Kunden															
SLA-Einhaltung	≥ 97%	97,37%	97,44%	97,44%	96,99%	97,25%	97,09%	97,34%	97,01%	97,12%	97,65%	96,93%	98,25%	97,87%	
Verfügbarkeit Top-5-Komponenten	≥ 99%	99,97%	99,98%	99,98%	99,95%	99,97%	99,99%	99,98%	99,91%	99,97%	99,98%	99,97%	99,99%	99,96%	
SAP-Performance: durchschnittliche SAP-ECC-Antwortszeiten beim User im Dialog	≤ 1,0 Sekunde	0,54	0,55	0,58	0,60	0,61	0,62	0,59	0,58	0,60	0,62	0,51	0,35	0,33	
Bereitstellzeit Neugeräte	≤ 20 Tage	10,75	16,1	15,07	14,25	8,83	9,59	9,1	12,77	10,32	8,73	6,88	8,92	8,46	
Prozesse															
Projekteffektivität (Einhaltung Termin, Budget, Inhalt) bei abgeschlossenen Projekten	≥ 85,0%	100,00%	100,0%	100,0%	-	100,0%	-	-	100,0%	100,0%	-	-	100,0%	-	
Service-Desk Ø Wartezeit (unter 25 Sek)	≥ 80%	83,02%	85,0%	81,0%	80,0%	81,8%	80,2%	82,2%	80,8%	80,4%	85,1%	80,0%	89,5%	86,3%	
Service-Desk-Direktlösungsquote (< 15 Min.)	≥ 70%	88,93%	80,0%	81,0%	66,8%	96%	98%	97,2%	96,4%	94,0%	89,4%	89,1%	91,4%	88,0%	
Eskalationsquote Tickets	≤ 20%	14,05%	12,0%	11,0%	15,0%	17,0%	9,0%	12,5%	7,7%	16,7%	14,3%	22,2%	14,3%	17,0%	
Mitarbeiter															
Anteil des IT-Personals an den Beschäftigten der Unternehmensgruppe	≤ 2%	0,34%	0,38%	0,38%	0,38%	0,37%	0,36%	0,33%	0,31%	0,31%	0,31%	0,30%	0,30%	0,30%	
Betreuung Computerarbeitsplätze je IT-Service-Mitarbeiter	≥ 500	555	503	503	508	505	501	502	506	507	505	707	706	709	
Fortbildung IT-Personal	≥ 1 Tag/Person im Jahr	-	0%	0%	4%	4%	4%	4%	4%	8%	17%	54%	92%	146%	
Produktivität (produktive Stunden / Gesamtstunden), wobei produktive Stunden direkt für IT-Kunden erbracht werden	≥ 70,0%	75%	72%	72%	74%	74%	75%	78%	82%	71%	75%	72%	81%	70%	
Arbeitszeitproduktivität (produktive Stunden / Gesamtstunden ohne Urlaub)	≥ 80,0%	91%	91%	91%	90%	88%	90%	91%	91%	93%	89%	91%	90%	93%	

Abb. 5.31 Balanced Scorecard

Wie lässt sich eine IT-Organisation am besten optimieren? 6

6.1 Due Diligence

Die „Due Diligence“ ist eine mit gebotener Sorgfalt durchgeführte Prüfung der Stärken, Schwächen, Chancen und Risiken einer Organisation.

Es gibt verschiedene Anlässe für die Analyse des aktuellen Zustands einer IT-Organisation, wie z. B. die Übernahme einer Organisation, die Entwicklung der IT-Strategie, ein Restrukturierungsprogramm oder eine Ausschreibung.

Tab. 6.1 enthält eine Checkliste für die IT-Analyse.

Sobald das Analyseergebnis vorliegt, werden häufig Maßnahmen beschlossen, die die Komplexität der IT-Landschaft mittels Vereinheitlichung, d. h. mit einer Homogenisierung, Konsolidierung und Standardisierung, reduzieren. Auch Maßnahmen zur Erhöhung der Kundenzufriedenheit und IT-Sicherheit sowie zur Absicherung der IT-Compliance sind möglich.

Tab. 6.2 enthält eine Checkliste für die Analyse einer IT-Gesellschaft als Grundlage für die Entwicklung einer Unternehmensstrategie und eines Business-Plans.

Bei der Analyse eines Softwareanbieters sind die in Tab. 6.3 aufgelisteten Themen mit zu berücksichtigen.

Es gibt auch interessante IT-Analyse-Angebote von Dienstleistern. IBM Global Services hat ein Component-Business-Modell (CBM) für Informationstechnologie entwickelt, das die Beschreibung und Bewertung der gesamten IT aus geschäftlicher Sicht auf einer Seite ermöglicht. In einem eintägigen Workshop werden die Komponenten des Modells nach vorgegebenen Kriterien bewertet. Jede Komponente stellt ein Aufgabengebiet dar, das einer Verantwortungsebene und einem Aktivitätsbereich zugeordnet ist (s. Tab. 6.4).

E. Foth, *Erfolgsfaktoren für eine digitale Zukunft,* Xpert.press,
DOI 10.1007/978-3-662-53177-8_6

Tab. 6.1 Checkliste für eine IT-Analyse

Kategorie	Themen
Business-Process-Management	• Wie sieht die aktuelle Geschäftsprozess-Governance-Struktur aus? • Welche Prozessstandards gibt es? Existiert ein Best-Practice-Prozessmodell? • Wer initiiert Prozessverbesserungen? • Wie erfolgt die Koordination von Prozessabbildungen in Informationssystemen? • Wie umfangreich werden Geschäftsprozesse durch Informationssysteme unterstützt (d. h. wie hoch ist die IT-Durchdringung der einzelnen Fachbereiche)? • Wie sieht die aktuelle Organisation von Prozess-Audits zur Ermittlung weiterer Verbesserungspotenziale aus? • Welcher Organisationseinheit ist das Stammdatenmanagement und das BI-Management (Business-Intelligence-Management) gegenwärtig zugeordnet?
IT-Architektur mit IT-Applikationen und IT-Infrastruktur	**IT-Landschaft** • Wie sieht die aktuelle IT-Landschaft mit Infrastruktur, Betriebssystemen, Datenbanksystemen, Middleware und Applikationen (d. h. Hardware, Software, Netzwerke) aus? • Wie soll die Ziel-IT-Landschaft aussehen und welche Ziel-IT-Architektur-Compliance haben sie erreicht? **IT-Applikationen** • Bitte beschreiben Sie die Anzahl, Vielfalt und Aktualität der Informationssysteme (Einsatzzweck, Anzahl Nutzer, Skalierbarkeit, Releasestand, letzter Releasewechsel, Phase des Product-Life-Cycle, Hersteller, Implementierungspartner, Betriebskosten, Hardware-Plattform, Schnittstellen, Besonderheiten, Ablauf des regulären Hersteller-Supports, geplante Ablösung, Wartungsverträge, erworbene Lizenzen, unterstützte Organisationseinheiten und Geschäftsprozesse). • Welche Informationssysteme sind unternehmenskritisch? • Wie sieht die Unterteilung in offene Systeme, Industrie-Standard-Systeme und proprietäre Systeme aus? Wird Standard- oder Individual-Software präferiert? • Wie modular und flexibel gegenüber Änderungen sind die Informationssysteme? • Welche Informationssysteme sind wettbewerbsdifferenzierend und welche nur wirtschaftlich? • Gibt es zentrale Applikationen oder nur dezentrale Insellösungen? • Arbeitet jede Gesellschaft mit einem separaten, eigenen ERP-System oder mit einem Buchungskreis in einem zentralen ERP-System? • Gibt es E-Commerce-Lösungen für den Auftragseingang? Laufen sie zentral? • Finden Supply-Chain-Management und Berichtswesen im integrierten ERP-System statt oder separat? • Gibt es ein zentrales Reporting-System? • Sind Finanz-, Logistik- und Qualitätskennzahlen in einem System oder nur verteilt über verschiedene Systeme abrufbar? • Wird ein Enterprise-Application-Integration-Tool eingesetzt? • Welche Software-Entwicklungsumgebungen (z. B. Eclipse für J2EE, Microsoft Visual Studio, Oracle Forms, SAP ABAP Developer Workbench) werden genutzt? **IT-Infrastruktur** • Gibt es eine Standardkonfiguration für den Computerarbeitsplatz? Welche Standard-Software kommt auf Clients zum Einsatz? Wie viele verschiedene Programme gibt es auf den Clients insgesamt? • Welche E-Mail-, Kalender- und Adressbuchlösung wird eingesetzt? • Gibt es ein gruppenweites IT-Service-Management-System für das Asset-Management, Incident- und Problem-Management, Change-Management, Configuration-Management etc.? Welches System ist es? • Wie sieht die Active-Directory-Gesamtstruktur (Forest, Scheme) aus? Wie viele Active-Directory-Domains haben Sie? • Wie viele Rechenzentren gibt es und wo befinden sie sich? Wer betreibt sie? • Wie sieht die IT-Sicherheitsinfrastruktur aus? Gibt es Notfallpläne? • Wie sehen die Netzwerkdiagramme für die LANs und das WAN aus? • Welche Internetzugänge mit welcher Bandbreite und Auslastung gibt es? • Wie wird ein Remote Access realisiert? • Welche Internet-Domains nutzen Sie wofür?

(Fortsetzung)

Tab. 6.1 (Fortsetzung)

Kategorie	Themen
	• In welchem System erfolgt das Asset-Management? • Welche Softwarelizenzen sind in welcher Anzahl vorhanden? Sind die Lizenzbilanzen ausgeglichen? Wann fand die letzte Microsoft-Lizenzplausibilisierung statt? Haben Anwender außerhalb der IT-Organisation noch Administrationsrechte auf von ihnen genutzten Computern? • Gibt es Lösungen und Lizenzen, die dem Unternehmen nicht gehören (Nutzung im ASP-Modell)? • Können Sie bitte die Hardwarebeschaffungsmethode beschreiben (z. B. Leasing, Kauf, Erneuerungszyklus)? • Können Sie bitte die Sicherheitsarchitektur, inkl. Firewall und Virenschutz, erläutern? • Welche Betriebssysteme werden eingesetzt und welche Anwendungen laufen worauf? • Können Sie bitte die Telefonsysteme, inkl. Alter, Erweiterungsfähigkeit, Garantiezeitraum, Teilnehmerzahl, beschreiben? • Wie alt ist die eingesetzte Hardware (inkl. Arbeitsplatzcomputer, Server, Drucker, Router, Switches, Firewall, Sicherheits-Appliances)? • Wie sieht der aktuelle IT-Warenkorb für Hard- und Software-Bedarfsanforderungen aus?
IT-Business-Alignment, inkl. IT-Strategie	• Wann fand die letzte Umfrage bzgl. Geschäftszielen, abgeleiteten Maßnahmen und Kundenzufriedenheit bei den Geschäftseinheiten statt und welches Ergebnis hatte sie? • Welche regulären Veranstaltungen (IT-Boards, Meetings, Workshops etc.) gibt es, um Vertreter der Geschäftseinheiten zu treffen und Informationen auszutauschen? • Wie sieht die aktuelle IT-Strategie aus? Handelt es sich um eine zentrale IT-Strategie? Wurde sie aus der Unternehmensstrategie abgeleitet? Welche Verknüpfung gibt es mit den Geschäftszielen? Gibt es Zielszenarien für die nächsten 2 bis 3 Jahre für die Organisation, die Applikationen und die Technologie? Beschreiben Sie bitte den Masterplan mit den großen IT-Projekten. • Was sind die aktuellen IT-Ziele (als Teil eines Masterplans mit mittel- und langfristigen Zielen)? • Welche aktuellen Key-IT-Projekte gibt es? Können Sie sie bitte mit Angaben zum Projektmanager, Projektlenkungskreis, Projekt-Owner, -Sponsor bzw. -Pate, Projektbudget und Projektstatus zusammenstellen? • Wie hoch ist der Erfüllungsgrad geschäftlicher Anforderungen durch die vorhandenen Informationssysteme? Gibt es einen Änderungsbedarf?
IT-Demand-Management	• Wird das Demand-Management bei gewünschten Prozessverbesserungen, Innovationen und Veränderungen stets zuerst angesprochen? • Wie sieht die Akzeptanz und Reichweite des Demand-Managements aus? Sind die internen Kunden mit dem Demand-Management zufrieden? • Liefert das Demand-Management vollständige und umsetzbare Anforderungen? • Können Sie eine Übersicht über die aktuellen Demands mit Angaben zum Bearbeitungsstand und zu vereinbarten Prioritäten zur Verfügung stellen? • Wie erfolgt die jährliche Bedarfsabstimmung für die Budgetplanung?
IT-Finanzen	• Wie hoch sind die jährliche IT-Gesamtkosten, absolut und prozentual in Bezug auf den Umsatz des Unternehmens? Welchen Anteil haben die Betriebskosten sowie die Projekt- und Entwicklungskosten? • Wie haben sich die IT-Kosten in den letzten 3 Jahren entwickelt? • Wie hoch sind das Alter und der Wert des IT-Anlagevermögens? • Wo liegen die Kosten pro angebotener Dienstleistung (am besten mit Details wie Abschreibungen, Wartung, interne Personalaufwände, externe Personalaufwände)? • Was sind die Dienstleistungskostentreiber (z. B. Anzahl von Benutzern, von Transaktionen etc.)? • Wie hoch sind die Kosten pro IT-Nutzer und wie hoch ist die Anzahl von IT-Nutzern? • Wie erfolgt die Leistungsverrechnung? • Arbeitet die IT-Organisation als Cost- oder Profit-Center? • Wie hoch ist das geplante Budget? Welche Investitionen sind geplant? • Haben Sie in den letzten 2 Jahren einen Kostenbenchmark durchgeführt und mit welchem Ergebnis? • Wird für IT-Projekte, die nicht aus rechtlichen oder strategischen Gründen zwingend erforderlich sind, vom Auftraggeber mit einem Business-Case nachgewiesen, dass der Nutzen die Kosten übersteigt?

(Fortsetzung)

Tab. 6.1 (Fortsetzung)

Kategorie	Themen
IT-Governance	• An welchem IT-Governance-Modell (Cobit, ITIL) orientieren Sie sich? • Gibt es eine unternehmensweite Projektfreigabe- und Priorisierungsprozedur und wie sieht sie aus? • Wer trifft IT-Investitionsentscheidungen? Wie ist der Ablauf? • Wer gibt notwendige Abweichungen von IT-Standards frei? • Wer entscheidet über Einstellungen und Veränderungen von IT-Personal? • Wie sieht die Organisationsstruktur (Gremien, Prozesse) für die Abstimmung mit dem Management und den Geschäftseinheiten aus? • Gibt es in den Geschäftseinheiten benannte Prozessexperten als IT-Ansprechpartner? • Wie sehen die IT-Berichtsstrukturen aus? • Wie sieht die Unterschriftsregelung aus (wer darf Verträge unterzeichnen und wer gibt was ab welchem Wert frei)? • Gibt es eine Richtlinie zum Management von IT-Projekten mit Vorgaben zu Projektfreigaben, Projektphasen, Projektstrukturen, Berichtswegen etc.? • Welche Regeln gibt es für die Benennung von IT-Projektmanagern, Projektlenkungskreismitgliedern, Projekt-Ownern, -Sponsoren bzw. -Paten etc.? • Gibt es ein Programmmanagement für IT-Projekte, das geplante Projekte priorisiert und einen Überblick über alle IT-Projekte mit Angaben zum Auftraggeber, Projektmanager, Starttermin und Abschlusstermin sowie zum Status oder Ergebnis veröffentlicht? • Wer entscheidet über unternehmenskritische Changes und wie sieht der Change-Management-Prozess aus? • Wie sieht der Budgetplanungs- und Budgetfreigabeprozess aus?
IT-Organisation und IT-Mitarbeiter	• Beschreiben Sie bitte die IT-Organisationsstruktur (Organigramm mit Führungsstruktur und Funktionen). • Wie erfolgt die Aufteilung des Personals bzgl. Support, Betrieb und Projekten? • Gibt es ein zentrales IT-Management? Welche IT-Aufgaben werden dezentral wahrgenommen? • Haben andere Bereiche, wie z. B. die Produktion, eigene IT-Mitarbeiter und IT-Systeme? Wie erfolgt die Zusammenarbeit mit der zentralen IT-Organisation? Gibt es gemeinsame Standards? • Bitte geben Sie einen Überblick über Anzahl, Aufgaben, Fähigkeiten, Kenntnisse und Einkommen von IT-Mitarbeitern. • Wie hoch ist die Auslastung des IT-Personals? Ist die vorhandene Personalkapazität angemessen? Gibt es potenzielle Engpässe, bekannte Lücken bzw. offene Stellen oder hohe Ausfallrisiken von Schlüsselpersonen? Wird eine rollierende Kapazitätsplanung durchgeführt? • Ist der Abbau von Stellen geplant? • Liegen IT-Stellenbeschreibungen vor? Gibt es Personalentwicklungspläne? • Welche Zertifikate (z. B. SAP CCoE, ISO 9001, ITIL) wurden erworben? • Wer steuert externe Dienstleister? Wie hat er die dafür notwendige Qualifikation erworben? • Wie schätzen Sie die Stärken, Schwächen, Chancen und Risiken der IT-Organisation ein?
IT-Operations	• Wie erfolgt die Überwachung der Verfügbarkeit und Performance der Informationssysteme? Wie haben sich diese Kenngrößen für die wichtigsten Systeme in den letzten 2 Jahren entwickelt? Wie erfolgt die Alarmierung bei Störungen unternehmenskritischer Systeme? • Wie sehen die Statistiken der Incidents and Problems des letzten Jahres aus? • Welche Service-Level-Verletzungen gab es im letzten Jahr und welche Korrekturmaßnahmen wurden eingeleitet? • Welche Sicherheitsverletzungen traten in den letzten 2 Jahren auf und wie wurden Wiederholungen ausgeschlossen? • Stellen Sie bitte Informationen über Notfallwiederherstellungspläne, Datensicherungspläne und Systemredundanzen zur Verfügung. • Wann fand für die unternehmenskritischen Systeme der letzte Notfalltest statt? • Beschreiben Sie bitte die lokale Rechenzentrums- bzw. Serverraum-Infrastruktur (Gebäude, Raum, Sicherheitsvorkehrungen, Notfallplan). • Welche Richtlinien gibt es für den IT-Betrieb? • Sind die Prozesse im IT-Betrieb dokumentiert (z. B. Backup, Wartung, Hotline)? • Welche Aufgaben haben externe Dienstleister übernommen? Entscheiden sie auch über Upgrades und Modifikationen?

(Fortsetzung)

Tab. 6.1 (Fortsetzung)

Kategorie	Themen
IT-Service-Portfolio, inkl. SLAs	• Wie sieht das aktuelle IT-Service-Portfolio aus? • Welche Services werden von welchen Organisationseinheiten genutzt? • Wie erfolgt die Leistungsverrechnung? • Welche Service-Level-Agreements gibt es? • In welchen Abständen erfolgen Service-Level-Reviews? Welchen Inhalt haben sie und wer nimmt daran teil? • Wie sieht die Service-Desk-Performance (Direktlösungsquote, Ticket-Eskalations-Rate etc.) aus? • Welche Services sind wettbewerbsdifferenzierend und welche nur rein wirtschaftlich?
IT-Sourcing	• Welche Services werden selbst erbracht und welche sind outgesourct worden? • Bei welchen wichtigen externen Dienstleistungen besteht eine kritische Abhängigkeit durch Single-Sourcing? Warum ist dafür kein Dual- und Multi-Sourcing möglich? • Welche Services werden global und welche werden lokal erbracht? • Welche Veränderungen sind geplant? • Können Sie bitte eine Liste externer Dienstleister, wenn möglich mit einer Ausfallrisikoabschätzung und geordnet nach Umsatz, zusammenstellen? • Nach welchen Regeln erfolgen Make-or-Buy-Entscheidungen? • Wie sieht die Einkaufsorganisation aus und welche Beschaffungsregeln gelten?
IT-Standards	• Gibt es Standards für IT-Prozesse (inkl. Entwicklung, Betrieb und Support), IT-Architektur, IT-Operations (Rechte und Pflichten eines Administrators, Vertreterregelung, Risiko-Management, Notfallplan etc.), IT-Sicherheit sowie IT-Portfolio-Management und wie sehen sie aus? • Gibt es eine Corporate Security Policy und was ist darin wie geregelt?
IT-Transparenz	• Welche IT-Key-Performance-Indicators werden wie häufig ermittelt und verwendet? • Wie sehen die IT-Service-Level-Reports aus und welchen Veröffentlichungszeitraum haben sie? • Wie oft werden IT-Newsletter mit Informationen über aktuelle Fortschritte und nächste Ziele herausgegeben? Sind sie im Intranet einsehbar? • Wie oft werden Artikel über IT-Themen in Firmenzeitschriften veröffentlicht? • Gibt es eine Intranet-Website mit Kontaktdaten, IT-Leistungsbeschreibungen etc.? • Bei welchen Anlässen und wie häufig erfolgen Präsentationen von IT-Themen für Fachbereiche?
IT-Vertrags-management	• Wer ist für das IT-Vertragsmanagement zuständig? • Welche 10 Hauptlieferanten hat die IT-Organisation? • Gibt es einen Überblick über gültige Verträge und ihre Ablauftermine? • Welches sind nach Vertragssumme die 10 größten Verträge? Welchen Vertragsgegenstand haben sie? • Gibt es langfristige Verträge mit externen Dienstleistern (z. B. Software-Beratern, Telekommunikations-dienstleistern, Notfallservices) und was sind die wesentlichen Inhalte? • Wie sieht die vertragsbezogene Rechnungsprüfungsprozedur aus? • Wie führt das Partnermanagement die Überwachung der vereinbarten Service-Levels durch?

Bezüglich Verantwortung wird Folgendes betrachtet:

- die Führungsebene mit grundsätzlichen Entscheidungen zur zukünftigen Ausrichtung und Entwicklung,
- die Controlling-Ebene für die Überwachung strategischer Vorgaben sowie für taktische Entscheidungen und
- die Ebene der Leistungserbringung.

Die Aktivitätsbereiche lassen sich in Demand- und Supply-Management unterteilen. Das Demand-Management spielt eine entscheidende Rolle für Geschäftsinnovationen, die die Wertschöpfung erhöhen, während das Supply-Management mittels Industrialisierung v. a. wirtschaftlich zu erbringen ist. Durch eine Einschätzung der aktuellen und zukünftigen strategischen Bedeutung sowie der aktuellen Wirtschaftlichkeit der einzelnen

Tab. 6.2 Checkliste für die Analyse einer IT-Gesellschaft

Kategorie	Themen
Geschäftsprozesse	• Welche gibt es (Vertrieb, Entwicklung, Service, Support, Beratung, Projektierung, Projektabwicklung etc.)? • Welche Merkmale haben sie (Input, Output, Durchlaufzeit, Verantwortlicher, Durchführender, sonstige Ressourcen, Aufwände, Abhängigkeiten)? • Welche Prozessprobleme treten auf? • Wie unterscheiden sich die Prozesse nach Standort, Verantwortlichem, Durchführendem und nach Produkten bzw. Dienstleistungen? • Gibt es kontinuierliche Verbesserungen der Prozesse (Wie, Wo)? • Wie erfolgt die Zusammenarbeit zwischen dem Service und der Entwicklung (Wie, Wann, Wie oft)? • Was lässt sich wie verbessern?
Entwicklung	• Welche Entwicklungsthemen bzw. laufende Projekte gibt es? • Wie ist die Entwicklung organisiert (Organisationsstruktur)? Nach welchen Kriterien werden die Teams zusammengestellt (Entwicklungs-Know-how, Kunde, Applikationen)? • Wie sehen die Entwicklungsprozesse aus? • Welche Softwareentwicklungsprinzipien und -methoden werden angewandt? • Welche Entwicklungsstandards gibt es? • Sind alle Entwickler in den Standards und Methoden geschult? Wie sieht der Onboarding-Prozess neuer Entwickler (intern und extern) aus? • Sind die Qualifikationen der Entwickler zentral dokumentiert? Wer hat Zugriff auf diese Informationen? • Werden Entwicklungen applikationsübergreifend eingesetzt? Gibt es eine interne Klassen- bzw. Methodendatenbank, womit vorhandenes Coding wiederverwendet werden kann? • Wie strikt wird ein modularer bzw. objektorientierter Aufbau der Applikationen eingehalten? • Wie findet die Kommunikation zwischen den Entwicklern statt (insbesondere teamübergreifend)? Gibt es ein Wiki? • Mit welchen Kennzahlen wird gesteuert? Wie sieht das Managementsystem aus? • Welche Entwicklungspartner gibt es? • Wie sieht die Zielerreichung aus (Einhaltung der Spezifikation, der Termine, der Aufwände, festgelegter Standards und gesetzlicher Vorgaben)? • Welche Zertifizierungen sind vorhanden und welche werden vom Kunden verlangt? • In welcher Entwicklungsumgebung und mit welchen Tools (Entwicklung, Support) wird gearbeitet? • Gibt es Produktroadmaps? Wer erstellt diese? • Gibt es Schutzrechte, d. h. Patente und Namensrechte? Wie lange noch? • Wie wird erworbenes Know-how geschützt? Wie werden die Entwicklungsergebnisse archiviert und für wie lange? Wie ist das Archiv organisiert? Wo befindet es sich? • Wie werden Security-Anforderungen im Design berücksichtigt? • Gibt es periodische Bug- und Defect-Listen? Wird der Reifegrad der Softwarelösungen bewertet? Wie hoch ist er aktuell? • Gibt es einen systematischen Change-Prozess? • Gibt es eine Versionskontrolle? Wie erfolgt sie? • Wie erfolgt das Auslastungs- und Ressourcenmanagement (Tools, Organisation, Verantwortlichkeiten, Eskalation)? • Wie erfolgt die verursachungsgerechte Aufwandserfassung? • Wie werden neue Anforderungen kategorisiert (Kleinauftrag, Projekt, Großprojekt)? • Wie sehen der Prozess der Aufwandsschätzung und der Genehmigungsprozess bei Änderungen von Applikationen aus? • Was ist die führende Sprache jeglicher Dokumentationen inkl. Codingkommentaren? • Wie erfolgt das Test-Management? • Wie sieht der QA-Prozess aus? Welche QA-Standards werden für Projekte festgelegt? Wer ist dafür verantwortlich? Wie erfolgen Überwachung, Tests und Abnahmen? • Nach welcher Methodik werden Projekte durchgeführt? • Wie sieht üblicherweise die Projektorganisation aus?

(Fortsetzung)

Tab. 6.2 (Fortsetzung)

Kategorie	Themen
	• Welche Tools werden für die Projektplanung und -durchführung verwendet? • Wie sieht der Risiko-Management-Prozess bei Projekten aus? • Welche Vertragsgestaltung gibt es üblicherweise – Werkvertrag oder nach Aufwand? Was hat dies für Auswirkungen auf das Projektmanagement? • Wie erfolgt der Innovations- und Produktentwicklungsprozess? • Was lässt sich wie verbessern?
Verträge	• Welche Kunden und Geschäftspartner mit Vertragsbindung gibt es? • Wie sehen die Vertragsinhalte aus (Laufzeiten, Haftung, Gewährleistung, Kosten, Einkünfte, Leistungsinhalte, Risiken)? • Gibt es eine zentrale Vertragsübersicht (Managementsystem)? • Wie erfolgt die Vertragsablage (Archiv)? • Gibt es outgesourcte Services? • Welche Personalvermittlungsverträge gibt es und welche Bedingungen enthalten sie? • Was lässt sich wie verbessern?
Kosten und Ergebnisse	• Wie erfolgt das Controlling (täglich, wöchentlich, monatlich etc.)? • Wie sehen das aktuelle Budget, die aktuelle Prognose und die aktuelle Mittelfristplanung aus? • Welche Investitionen sind erforderlich bzw. geplant? • Wo steht die IT-Gesellschaft im Soll-Ist-Vergleich mit der Mittelfristplanung? • Wie haben sich der Umsatz und das EBIT in den letzten 3 Jahren entwickelt? • Sind einzelne Kosten mehr gestiegen als der Umsatz? Ist der EBIT-Margin gesunken? Welche Gegenmaßnahmen wurden eingeleitet? • Was sind die größten Kostenblöcke in der Ergebnisrechnung und wie haben sie sich verändert? • Welche Assets hat die IT-Gesellschaft (Geräte und Anlagen mit Alter und Standort)? • Wie hoch sind die Umsätze, Kosten, DBIII und DBVIII (EBIT) pro Produkt, Standort, Kunde? • Welche Ressourcen (Mitarbeiter, Geräte, Gebäude etc.) sind pro Produkt und Standort im Einsatz bzw. vorhanden (Vollkostenabschätzung)? • Welche Umsatzanteile entfallen auf Beratung, Design, Entwicklung, Lieferung, Service, Support, Betrieb etc.? • Wie erfolgreich werden Projekte abgewickelt (Einhaltung der Termine und Aufwände, Nachbesserungen, Changes, Business-Case-Erfüllung)? • Gibt es Angebots-, Projekt-, Auftrags-, Arbeits- und Nachkalkulationen? Wie werden sie durchgeführt? Wo sind sie einsehbar? Erfolgen auf dieser Basis Soll-Ist-Vergleiche? • Was lässt sich wie verbessern?
Demand-, Service-Level- und Service-Desk-Management	Demands: • Wer erfasst neue Anforderungen bzw. Demands wie? • Welche aktuellen Demands gibt es und welchen Status haben sie? • Wie werden Demands entschieden und bearbeitet? Service Levels: • Welche Serviceleistungen für Kunden gibt es? • Welche Service-Level wurden vereinbart? Gibt es dafür einen Standard, d. h. Standard-SL? • Wie werden Service Level überwacht und reportet? Service Desk: • Gibt es einen Service Desk bzw. eine Hotline? • Wie ist er organisiert und wann verfügbar? • Mit welcher Systemunterstützung und Datenbasis arbeitet der Service Desk? • Welche Anzahl an Incidents and Problems wird pro Tag, Woche, Monat bearbeitet? • Wie hoch ist die Erstlösungsrate? • Was lässt sich wie verbessern?

(Fortsetzung)

Tab. 6.2 (Fortsetzung)

Kategorie	Themen
Portfolio	• Wie sieht das aktuelle Portfolio an Produkten und Dienstleistungen aus? Welche Veränderungen sind geplant? • Wie sieht die Differenzierung nach Kernprodukten, taktischen, ergänzenden und ausgeschlossenen Produkten aus (Was können wir besser als andere? Womit verdient die IT-Gesellschaft am meisten Geld und hat Wettbewerbsvorteile? Was will sie nicht machen?)? • Wie sieht die Profitabilitätsentwicklung der Kernprodukte aus (Ressourcenzuordnung für Vollkostenrechnung) und welche Ergebnisverbesserungspotenziale haben sie? • Wie sehen aktuell Umsatz und DBIII pro Produkt und Dienstleistung aus? Welcher Ergebnistrend lässt sich feststellen? • Welcher Abdeckungsgrad produktbezogener Dienstleistungen wird erreicht (Beratung, Design, Entwicklung, Lieferung, Support, Betrieb) und wie sieht der Beherrschungsgrad aus (Value Added Service Provider: x = Stärke, − = schlecht, + = Ergebnisverbesserungspotenzial, ? = zu klären; Erfolgsfaktoren: Reaktionszeit, Qualität, Verfügbarkeit, Installation, Entstörung, Hotline, Tuning, Dokumentation, Ferndiagnose, Update-Service, Netzmanagement)? • Welchen Kundennutzen haben die Produkte und Dienstleistungen? Sehen die Kunden dies auch so? • Wie sieht der Wettbewerbsvergleich bzgl. Produkten und Dienstleistungen aus? Was können Wettbewerber auch, besser oder schlechter? • Wo stehen die aktuellen Produkte im Produktlebenszyklus (Hype, Ernüchterung, Marktwachstum, Auslauf)? • Welche neuen Produktentwicklungen gibt es? • Was lässt sich wie verbessern?
Markt und Wettbewerb	• Wie groß ist der vorhandene Produkt- und Dienstleistungsmarkt für das Portfolio der IT-Gesellschaft in Europa? Wie groß sind die einzelnen von ihr adressierten Marktsegmente? • Welche Kunden mit Umsatz und Ergebnis hat die IT-Gesellschaft aktuell? • Welche Wettbewerber hat die IT-Gesellschaft pro Produkt bzw. Dienstleistung und was sind deren Stärken und Schwächen? • Wie sieht die Vertriebspolitik aus (Organisation, Steuerung, Kanäle, Preise und Preismodelle)? • Mit welchen Marketingmaßnahmen wird der Vertrieb unterstützt? • In welchem Marktsegment positioniert sich die IT-Gesellschaft (Einheitskosten vs. Nutzen)? • Was lässt sich wie verbessern?
Management und Organisation	• Welche Mission (Unternehmenszweck) und welche Ziele hat die IT-Gesellschaft? • Wie sieht die Organisationsstruktur aus (insgesamt und pro Standort)? • Wie viele Standorte gibt es, warum sind sie erforderlich und welche Unterschiede gibt es zwischen ihnen? • Welche Qualifikation und Berufserfahrung haben die Führungskräfte und Mitarbeiter? • Wie sieht die Alters- und Gehaltsstruktur aus? • Welcher Umsatz, welche Auslastung und welches Ergebnis wird pro Mitarbeiter in den verschiedenen Segmenten und Standorten erreicht? • Welche Personalentwicklungspläne gibt es? • Welche Prozesse wurden definiert und welche Standards und Zertifizierungen gibt es? • Mit welchen Geschäftspartnern arbeitet die IT-Gesellschaft wie zusammen? • Wie sieht die für Kunden eingesetzte IT-Infrastruktur aus? • Wie sieht das interne Managementsystem (KPIs) aus? • Was lässt sich wie verbessern?
Chancen und Risiken	• Welche Stärken, Schwächen, Chancen bzw. Potenziale, Risiken und Gefahren gibt es? Welche vorbeugenden Maßnahmen wurden ergriffen? • Was lässt sich wie verbessern?

Tab. 6.3 Checkliste für die Analyse eines Softwareanbieters

Kategorie	Themen
Produkte	• Top-Level-Architekturbeschreibung jedes Firmenprodukts und seiner Hauptkomponenten, inkl. ihrer Größe (Anzahl der Code-Zeilen) • Entwicklungsumgebung, in der die Produkte entwickelt werden, inkl. Applikationen, Benutzerschnittstellen und Hilfsprogrammen • Genutzte Datenbanken inkl. der Version • Typische Hardware-Anforderungen jedes Produkts für Clients, Server und Datenbanken • Haupt-Software-Engines und sonstige Komponenten der Produkte • Drittanbieterprodukteinsatz für Komponenten • Produkteinführungszyklus und -methoden
Entwicklung	• Methoden und Technologien zur Produktentwicklung und Produktübergabe • Release-Pläne für jedes Produkt und aktueller Status bevorstehender Produkte • Fehlerlisten für jedes Produkt zum jeweiligen Ende der letzten 3 Kalenderjahre • Drittanbietersteuerungen, Hilfsmittel oder lizenzfreie Dienstprogramme, die in der Entwicklung oder beim Einsatz der Produkte verwendet werden • Release-Management- und Versionssteuerungsprozesse inkl. dafür verwendeter Produkte • Erstellungsprozess, inkl. dem Grad der Automatisierung und der Frequenz von Builds • Softwareentwicklungslebenszyklus vom Anfang bis zum Ende
Sicherheit und Compliance	• Art und Weise der Implementierung von IT-Sicherheit in den Produkten, inkl. Verwendung separater Architektur-Layer, Zugriffskontrolle, Benutzerberechtigungsrollen, Feldberechtigungen und Verschlüsselungstechniken • Daten- und Netzsicherheitsmaßnahmen der Firma und Vorhandensein einer Anerkennung der Sicherheitsstandard-Compliance der Firmenprodukte • Dienstleistungsbezogenes internes Kontrollsystem nach ISAE 3402 (Nachfolger des Standards SAS 70) bzw. IDW PS 951 und Kopien von Auditreports • Angaben zur Auftragsdatenverarbeitung (d. h. zum Umgang mit vertraulichen personenbezogenen Daten der Kunden) sowie, falls zutreffend, wer für die Veröffentlichung von Datenschutzverletzungen zuständig ist und welche es mit welcher Reaktion bisher gegeben hat

(Fortsetzung)

Tab. 6.3 (Fortsetzung)

Kategorie	Themen
Qualität	• Vorhandensein des Sourcecodes für alle entwickelten Lösungen und Beschreibung der Qualität des Sourcecodes und der dazugehörigen Dokumentation • Bewertung von Anwendungsentwicklungsfähigkeiten unter Verwendung des Software Engineering Institute Capability Maturity Model (CMM) und erreichtes CMM-Level (1–5) • Prozesse und Kontrollen im Falle eines Outsourcings • Sourcecode-Kontrollprozeduren inkl. der Produkte, die für die Kontrollen verwendet werden • Eingesetzte QA-Metriken • Automatisierte Werkzeuge und Testverfahren für die Qualitätssicherung (QA) • Service-Level-Agreements
Service	• Nutzung von Produkten in mandantenfähigen Online-Umgebungen (ASP), eventuelle Einschränkungen, aktuelle ASP-Rechenzentrumsanforderungen, Liste aktueller ASP-Kunden, Migrationspläne von lokalen Kundeninstallationen zum Online-ASP-Betrieb • Produkte, die gehostet oder in einer SaaS-Umgebung bereitgestellt werden • Beschreibung der Hosting-Umgebung mit Angaben zur Infrastruktur, zum Betreiber, zu architektonischen Einschränkungen oder Herausforderungen der Produkte in dieser Umgebung sowie zum technischen Support für die Applikation und die Infrastruktur
Mitarbeiterqualifikation	• Einstellung und Training neuer Entwickler pro Funktion, wenn es Unterschiede gibt • Einstellung und Training neuer Implementierungs-, Vertriebs- und Support-Mitarbeiter
Kundenmanagement und -support	• Einführungsprozess für Kunden und Musterprojektplan für eine neue Kundenimplementierung • Kundenmanagementprozess des Unternehmens • Kundensupportprozess und Eskalationsablauf • Überblick über die Menge und die Typen von Kundenproblemen im letzten Jahr und deren Lösung

Tab. 6.4 CBM-Komponenten

Aktivitätsbereiche	Demand-Management			Supply-Management				
Verantwortung	Geschäftsmanagement	Vertriebs-und Kundenmanagement	Anforderungen und Servicemanagement	Organisationsentwicklung	Applikationsentwicklung	Applikationswartung und -support	Infrastrukturentwicklung	Infrastrukturbetrieb und -support
Führung	Strategische Geschäftsplanung IT-Service- und Produkt-Portfolio Innovationsmanagement Geschäftskontinuität und Sicherheitsstrategie IT-Governance und Compliance Finanzmanagement Personalmanagement Beschaffung Recht und QA Abrechnung	Kundenausrichtung und Kundenabdeckung Marketing-Strategie	Service-Management-Strategie	Enterprise-Architektur	Applikationsstrategie Applikationsportfolio Applikationsarchitektur und -design Informations-Lifecycle-Management	Strategie für die Einführung von Changes und Releases	Infrastrukturstrategie Infrastruktur-Roadmap Infrastrukturarchitektur und -design	Betriebs- und Supportstrategie

(Fortsetzung)

Tab. 6.4 (Fortsetzung)

Aktivitätsbereiche Verantwortung	Demand-Management			Supply-Management				
	Geschäftsmanagement	Vertriebs-und Kundenmanagement	Anforderungen und Servicemanagement	Organisationsentwicklung	Applikationsentwicklung	Applikationswartung und -support	Infrastrukturentwicklung	Infrastrukturbetrieb und -support
Controlling	Geschäftsnutzenmanagement Architekturmanagement Geschäftliche Widerstandsfähigkeit und Risikomanagement IT-Controlling Finanzmanagement Personalmanagement Beschaffung Recht und QA Abrechnung	Zusatzleistungsmanagement Preiskalkulation IT-CRM Vertragsmanagement	Produkt- und Servicemanagement SLA-Management Lieferantenmanagement	Prozessdesign und Methodenentwicklung	Applikationsarchitektur und -design Informations-Lifecycle-Management Entwicklungswerkzeugbereitstellung Release-Planung Change-Planung	Entwicklungs-Werkzeug-Bereitstellung Release-Planung Change-Planung	Infrastrukturarchitektur und -design Asset- und Tool-Management Ablöseplanung Change-Planung	Betriebsplanung Performance- und Kapazitätsmanagement Konfigurationsmanagement
Ausführung	Projektmanagement Nutzer- und Identitätsmanagement Management der geschäftlichen und IT-Widerstandsfähigkeit Finanzmanagement Personalmanagement Beschaffung Recht und QA Abrechnung	IT-Demand- und -Kundenmanagement Marketing, Forschung und Analyse	Auftragsannahme Service-Desk	Interne Prozessberatung Organisations-Change- und -Transformationsmanagement	Applikationsentwicklung Applikationstest Change- und Release-Packaging	Applikationsbetrieb Applikationswartung Applikationssupport	Infrastrukturentwicklung Infrastrukturtest Infrastrukturimplementierung	Clients Netzwerk Output-Management (Drucker) Enterprise-Computing (Server, Speicher)

Komponenten des Modells entsteht eine Übersicht, auch als „Heat Map" bezeichnet, die zeigt, wo Handlungsbedarf besteht. Wirtschaftliche Komponenten basieren auf standardisierten Prozessen und Systemen, die überwiegend nutzungsabhängige, variable Kosten verursachen und im Wettbewerbsvergleich kostengünstig sind. Mit Optimierungsmaßnahmen bei geringer Wirtschaftlichkeit und gezielten Investitionen bei großer zukünftiger strategischer Bedeutung von Komponenten lässt sich das Unternehmen entsprechend den Kundenbedürfnissen und strategischen Ziele weiterentwickeln.

SAP bietet unter der Bezeichnung „SAP Value Management Service" (s. https://valuemanagement.sap.com) an, mithilfe einer Benchmarking-Datenbank, die KPIs mit Benchmark-Werten und Best-Practices enthält, die Unternehmensprozesse in folgenden Bereichen zu bewerten, um Verbesserungspotenziale zu ermitteln:

- Auftragsabwicklung (Order to Cash),
- Customer-Relationship-Management bzw. -Vertrieb,
- Produktentwicklung und -einführung,
- Produktion,
- Supply-Chain-Management bzw. -Beschaffung,
- Finanzen,
- Personal sowie
- Informationstechnologie.

6.2 Business Plan

In einem Business Plan kann beschrieben werden, wie sich die analysierte Organisationseinheit in den nächsten Jahren entwickeln soll.

Der Business Plan beschreibt den Ablauf, die Steuerung, die Vermarktung und die Finanzierung des Geschäfts. Tab. 6.5 gibt einen Überblick über seine einzelnen Bestandteile.

Für eine Ausgliederung in eine eigene Gesellschaft sind die in Tab. 6.6 zusammengestellten Schritte erforderlich.

6.3 Business Case

Unternehmen legen viel Wert darauf, dass Investitionen und Projekte, die nicht unvermeidlich sind, einen höheren Nutzen haben als sie kosten. Mit einem Business Case (s. Abb. 6.1) wird ihre Wirtschaftlichkeit ermittelt. Er beinhaltet die einmaligen und laufenden Kosten, den finanziellen Nutzen, den daraus resultierenden Nettonutzen sowie den ermittelten Return on Investment (ROI) und den Amortisationszeitraum. Risiken sind mit ihrer Schadenshöhe und Eintrittswahrscheinlichkeit bei den Kosten zu berücksichtigen.

Tab. 6.5 Bestandteile eines Business Plans

Abschnitte	Inhalte
Management Summary	• Kurze Beschreibung der Geschäftsidee
Unternehmen	• Unternehmensform, Unternehmensgegenstand (Mission), Gesellschafterstruktur und Unternehmensziel
Portfolio	• Angebot an Produkten und Dienstleistungen mit Leistungsumfang, Kundennutzen, Wettbewerbsvergleich sowie einer Beschreibung der Leistungserstellung (Kerngeschäftsprozesse)
Markt und Wettbewerb	• Gesamtmarkt, Zielgruppe und Wettbewerbsanalyse
Marketing und Vertrieb	• Produkt- und Dienstleistungspolitik (Methode zur Anpassung an veränderte Marktanforderungen), Preispolitik, Distributionspolitik (mit Organisation, Steuerung, Kanälen, Marktsegmentpositionierung) und Absatzförderung
Management und Organisation	• Organisationsstruktur, Standorte, Qualifikationen (technisch, kaufmännisch), Berufserfahrungen der Führungskräfte, Alters- und Gehaltsstruktur, Personalkennzahlen (z. B. Umsatz, Auslastung und Ergebnis pro Mitarbeiter), Personalentwicklungspläne, Prozesse, Standards und Zertifizierungen, Geschäftspartner, IT-Infrastruktur, internes Managementsystem
Drei-Jahres-Planung	• Umsatz, Rentabilität (Ergebnisrechnung mit Umsatz, Betriebskosten, Zinsen, Cash Flow, Abschreibungen, Ergebnis), Investitionen, Liquidität (inkl. Kapitalbedarf zum Startzeitpunkt)
Chancen und Risiken	• Potenziale, Gefahren und vorbeugende Maßnahmen
Finanzbedarf	• Eigen- und Fremdkapital, Finanzierungsplan, Kapitaldienstberechnung (Zinsen, Tilgung)
Anlagen	• z. B. Lebensläufe der Führungskräfte, Entwurf des Gesellschaftervertrags, Pacht- oder Mietverträge, Kooperationsverträge, Leasingverträge, Marktanalysen, Branchenkennzahlen, Gutachten, Schutzrechte, Übersicht der Sicherheiten

Oft reichen allerdings reine Wirtschaftlichkeitsbetrachtungen nicht aus, um eine strategische Entscheidung zu treffen. Dann kommt eine Entscheidungsanalyse (s. Abb. 6.2) zum Einsatz.

Zur Ermittlung der Gewichtsfaktoren können die Entscheidungskriterien in einer Präferenzmatrix (s. Abb. 6.3) miteinander verglichen werden.

In Entscheidungsanalysen für Investitionsentscheidungen werden meist die in Tab. 6.7 aufgelisteten Kriterien benötigt.

Tab. 6.6 Schritte einer Ausgliederung

Kategorie	Aktivitäten
Gesellschaftsrecht	• Festlegung der Gründungsvariante (Asset Deal zu Verkehrswerten, Einbringung durch Sacheinlage zu Buchwerten, Ausgliederung nach dem Umwandlungsgesetz zu Buchwerten) • Freigabe der Gründungsplanung und Beschluss der Ausgliederung • Entwurf der Satzung • Entwurf des Ausgliederungsvertrags mit Anlagen • Entwurf des Ablaufs der Gesellschafterversammlungen (Ausgliederungsvertrag, Verzichtserklärungen, Kapitalerhöhung) • Notarielle Beurkundung des Ausgliederungsvertrags (nachdem die Stellungnahme der Betriebsräte vorliegt und Unstimmigkeiten geklärt sind) • Abhaltung der Gesellschafterversammlungen beim Notar (für die bisherige und die neue Gesellschaft) • Mitteilung der Änderung an das Gewerbeamt und das Finanzamt • Handelsregistereintrag • Erstellung der Geschäftspapiere (Name, Rechtsform, Sitz, Registergericht, Handelsregisternr., Geschäftsführer) • Website-Impressum anpassen
Mitbestimmungsrecht	• Betriebsräte über die Pläne informieren • Optimale Betriebsstruktur und tarifliche Bindung festlegen • Zurverfügungstellung des Ausgliederungsvertrags für die Betriebsräte zur Stellungnahme • Mitarbeiterinformation zum Betriebsübergang nach § 613a BGB
Finanzplanung	• Umsatz, Kosten, Investitionen, Gewinn- und Verlustrechnung für die nächsten 3 Jahre • Monatsplanung für das erste Jahr • Liquiditätsplanung • Ermittlung des Kapitalbedarfs • Ermittlung des Bürgschaftsbedarfs • Der bestätigte Jahresabschluss der bisherigen Gesellschaft dient als Basis für ihre Schlussbilanz und für die Eröffnungsbilanz der neuen Gesellschaft • Die Bilanzen sind vom Wirtschaftsprüfer zu prüfen und zu testieren
Verträge	• Mögliche abzuschließende Verträge sind: Cashpoolvertrag, Ergebnisabführungsvertrag, Intercompany-Service-Verträge • Kunden und Lieferanten sind über die Rechtsnachfolge zu informieren • Ggf. ist ein Tarifvertrag anzupassen
ERP-System	• Erfassung der Anforderungen, Erstellung des Business Blueprints, Customizing des Systems, Erstellung und Realisierung eines Berechtigungskonzepts, Entwicklung von Migrationsprogrammen, Integrations- und Migrationstest, Produktivsetzung mit Cut-Over-Tätigkeiten

Kosten	Initial	1. Jahr	2. Jahr	3. Jahr	Total
Software-Lizenzen	150.000,00 €				150.000,00 €
IP-Phones (250 Stk)	50.000,00 €				50.000,00 €
Media-Gateways (25 Stk)	100.000,00 €				100.000,00 €
Remote Call Control Server	125.000,00 €				125.000,00 €
Externe Projektdienstleistungen	80.000,00 €				80.000,00 €
Interne Projektdienstleistungen	140.000,00 €				140.000,00 €
Software-Wartung (bereits mit vorhandenem Vertrag abgedeckt)					0,00 €
Hardware-Betrieb		20.000,00 €	20.000,00 €	20.000,00 €	60.000,00 €
Summe	645.000,00 €	20.000,00 €	20.000,00 €	20.000,00 €	705.000,00 €
Nutzen		**1. Jahr**	**2. Jahr**	**3. Jahr**	**Total**
Ersparte TKA-Anschaffungen		25.000,00 €	25.000,00 €		50.000,00 €
Entfallene TK-Leitungen		50.400,00 €	50.400,00 €	50.400,00 €	151.200,00 €
Vermiedene Move/Add/Change-Arbeiten		75.000,00 €	75.000,00 €	75.000,00 €	225.000,00 €
Entfall von 2/3 der Kosten für Telefon/Webkonferenzen		15.000,00 €	15.000,00 €	15.000,00 €	45.000,00 €
Entfall von TKA-Service-Verträgen					0,00 €
Produktivitätsteigerung durch Zeitersparnis		916.666,67 €	916.666,67 €	916.666,67 €	2.750.000,00 €
Reisekostenentfall für interne Meetings		10.000,00 €	10.000,00 €	10.000,00 €	30.000,00 €
Summe		1.092.066,67 €	1.092.066,67 €	1.067.066,67 €	3.251.200,00 €
Cash Flow		**1. Jahr**	**2. Jahr**	**3. Jahr**	**Total**
Nettonutzen	-645.000,00 €	1.072.066,67 €	1.072.066,67 €	1.047.066,67 €	2.546.200,00 €
ROI	361%				
Amortisation [Monate]	7,31				

Abb. 6.1 Business-Case-Beispiel

ENTSCHEIDUNGS-ANALYSE		Welches Kalkulationsprogramm ist das Bessere?					
		Alternativen					
		A Beraterlösung			B Spezialistenlösung		
Kriterien	Gewicht	Information	Vertzahl	Gew.xVZ	Information	Vertzahl	Gew. x VZ
1 Abdeckungsgrad der Anforderungen	2	Basiert auf Sorgfalt im Projekt	1	2	Wahrscheinlich wegen Historie und anderen Kunden	2	4
2 Geringeres Risiko einer Planabweichung	1	Neuentwicklung	1	1	Vielfach eingesetztes Produkt	2	2
3 Backend-Integration (d.h. SAP-Integration)	3	Vollständig gegeben, auch für zukünftige Erweiterungen	2	6	Lohn- und Gerätedaten noch nicht	1	3
4 Kundenbasis (Möglichkeit zum Teilhaben an Neuerungen)	15	Noch keine	0	0	Groß in Deutschland	1	15
5 Internationale Einsetzbarkeit	8	Gegeben	2	16	Teilweise gegeben	1	8
6 Potenzial für Zusatznutzen (z.B. Instandhaltungsintegration)	6	Alles, was im SAP vorhanden ist, kann genutzt werden	2	12	Beschränkt auf RIB-Lösung	1	6
7 Positiver Einfluss auf Mitarbeitermotivation	10	Unbekannt bei Kalkulatoren in Baubranche	1	10	RIB ist bekannt	2	20
8 Ansehen des Anbieters in der Baubranche	16	Ist erst aufzubauen	0	0	Ist vorhanden	1	16
9 Hersteller-Committment zur Baubranche	11	War bisher kaum vorhanden	1	11	Ist vorhanden	2	22
10 Projektmanagement-Integration	14	Mit SAP PPM möglich	1	14	Mit MS Projekt und Primavera möglich	1	14
11 CAD-Zeichnungs-Integration	13	Mit SAP PLM gegeben	1	13	Mit entsprechendem Modul vorhanden	1	13
12 Eigener Aufwand für Einführung und Weiterentwicklung	12	Höher	1	12	Niedriger	2	24
13 Einfachheit eines internationalen Rollouts mit SAP	5	Integrierte, international uneingeschränkt nutzbare Lösung	2	10	An SAP angebundene Lösung für bestimmte Länder	1	5
14 Gesamteinführungskosten	9	Höher	1	9	Niedriger	2	18
15 Gesamtbetriebskosten	4	Niedrig, da Lizenzkosten=0 und Wartung nach Aufwand	2	8	Höher	1	4
16 Investitionsschutz	7	Gegeben, da SAP nicht modifiziert wird	1	4	Gegeben aufgrund der großen installierten Basis	1	3
SUMME				128			177
RANK				2			1

Bewertungsbereich: 0 - 2 / nicht vorhanden - sehr gut
Gewichtsfaktoren: Sie werden nach Bedeutung des jeweiligen Kriteriums vergeben. Der höchste Gewichtsfaktor hat die größte Bedeutung. Jeder Gewichtsfaktor tritt nur 1 x auf.

Abb. 6.2 Beispiel einer Entscheidungsanalyse

	Kriterien	1 Wirtschaftlichkeit	2 Gesamtanbieter der Lose	3 Verzicht auf externe Subunternehmer	4 Belastbare Referenzen	5 Hohe Bonität bzw. Kreditwürdigkeit	6 Erfüllungsgrad der Leistungsscheine	7 Bewertung des Vorort-Audits	8 Angebotsqualität	9 Leistungsfähigkeit der technischen Lösung	10 Qualitative Bewertung der Einzellose	11 Querschnitts-Know-how der Ansprechparter	12 Globales Service-Angebot	13 Zustimmung zu unseren kommerziellen Bedingungen
1	Wirtschaftlichkeit		1	1	1	5	6	7	1	1	10	1	1	1
2	Gesamtanbieter der Lose			2	4	5	6	7	8	9	10	11	12	13
3	Verzicht auf externe Subunternehmer				4	5	6	7	8	9	10	11	12	13
4	Belastbare Referenzen					5	6	7	8	9	10	11	12	13
5	Hohe Bonität bzw. Kreditwürdigkeit						6	7	8	9	10	5	5	13
6	Erfüllungsgrad der Leistungsscheine							7	6	6	6	6	6	6
7	Bewertung des Vorort-Audits								7	7	10	11	7	13
8	Angebotsqualität									8	10	8	8	13
9	Leistungsfähigkeit der technischen Lösung										10	11	9	13
10	Qualitative Bewertung der Einzellose											10	10	10
11	Querschnitts-Know-how der Ansprechparter												11	13
12	Globales Service-Angebot													13
13	Zustimmung zu unseren kommerziellen Bedingungen													

Kriterien	1	2	3	4	5	6	7	8	9	10	11	12	13	Σ
Anzahl der Nennungen	8	1	0	2	6	11	9	7	5	11	6	3	9	78
Gewichtsfaktoren (%)	10	1	0	2	7	15	11	8	6	14	8	3	12	97

Abb. 6.3 Beispiel einer Präferenzmatrix

Tab. 6.7 Beispiele für Entscheidungskriterien

Kategorie	Kriterien
Technische Kriterien	• Erfahrungen mit dem Lieferanten oder Hersteller • IT-Sicherheit • Technische Zukunftsfähigkeit • Erforderliches Know-how für den IT-Betrieb • Technische Kompatibilität
Wirtschaftliche Kriterien	• Nutzen • IT-Implementierungsaufwand • IT-Betriebskosten • IT-Risiken

6.4 Programm- und Projektmanagement

In großen Veränderungsprogrammen laufen oft mehrere voneinander abhängige Projekte mit gemeinsamen Zielen parallel. Die Koordination übernimmt das Programmmanagement (s. Tab. 6.8).

Auch bei der digitalen Transformation von Unternehmen ist es wichtig, die Zusammenhänge zwischen den einzelnen Projekten in den verschiedenen Bereichen des Unternehmens zu berücksichtigen und die Auswirkungen auf das gesamte, zukunftsfähige,

Tab. 6.8 Begriffe im Zusammenhang mit dem Management von Projekten

Begriff	Erläuterung
Programmmanagement	• Übergreifende Leitung und Steuerung inhaltlich zusammengehöriger Projekte; sie haben ein gemeinsames Ziel; ihre Termine und Inhalte hängen meist voneinander ab • In Outsourcing-Projekten erfolgt die Unterteilung i. d. R. nach Leistungsbereichen bzw. „Towers", wie z. B. der Anwendungsentwicklung, dem Infrastrukturbetrieb und dem Anwender-Support
Projektmanagement	• Initiieren, Planen, Steuern, Kontrollieren und Abschließen von Projekten mit dem Ziel eines effizienten Ressourceneinsatzes
Projektportfoliomanagement	• Auswahl und Überwachung des zu den Unternehmenszielen passenden Projektportfolios, um die vorhandenen Ressourcen effektiv einzusetzen
Multiprojektmanagement	• Planung, übergreifende Steuerung und Überwachung mehrerer voneinander abhängiger Projekte; sie nutzen i. d. R. gemeinsame Ressourcen

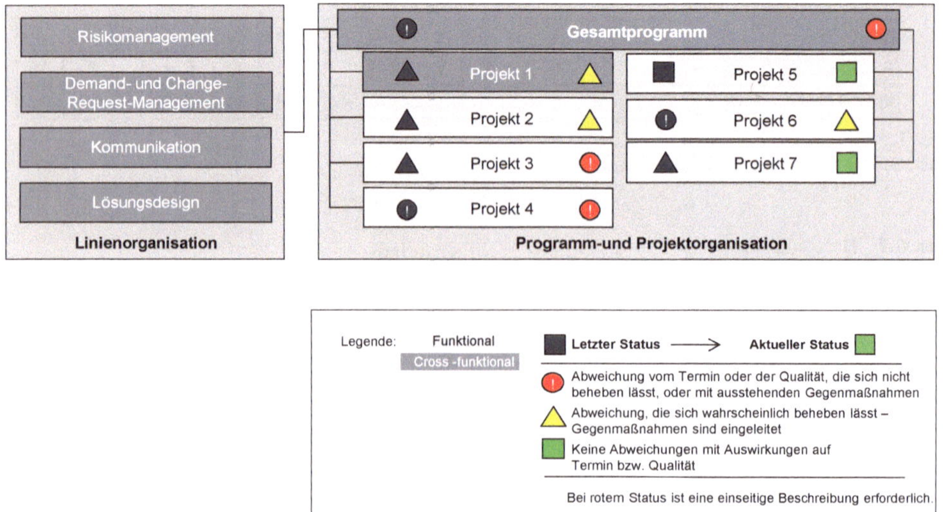

Abb. 6.4 Statusbericht eines Programms

digitalisierte Unternehmen darzustellen. Hierfür ist ebenfalls ein Programmmanagement sowie ein ganzheitliches Change Management erforderlich.

In den Statusberichten des Programmmanagements wird ein Überblick über alle zusammengehörigen Projekte gegeben (s. Abb. 6.4).

Bewährte Vorgehenswesen zur Durchführung von Projekten beschreiben die Abb. 6.5, 6.6, 6.7 und Tab. 6.9.

Die Erfolgsfaktoren von Projekten sind vielfältig. Dazu gehören beispielsweise:

- eine Anforderungsspezifikation (Lastenheft) des Auftraggebers,
- eine sorgfältige Auswahl der Teammitglieder und eine optimale Teamgröße,
- die Einbeziehung der von Veränderungen betroffenen Mitarbeiter und ihre regelmäßige Information über Fortschritte im Projekt,
- der rechtzeitige Abschluss von Betriebsvereinbarungen,

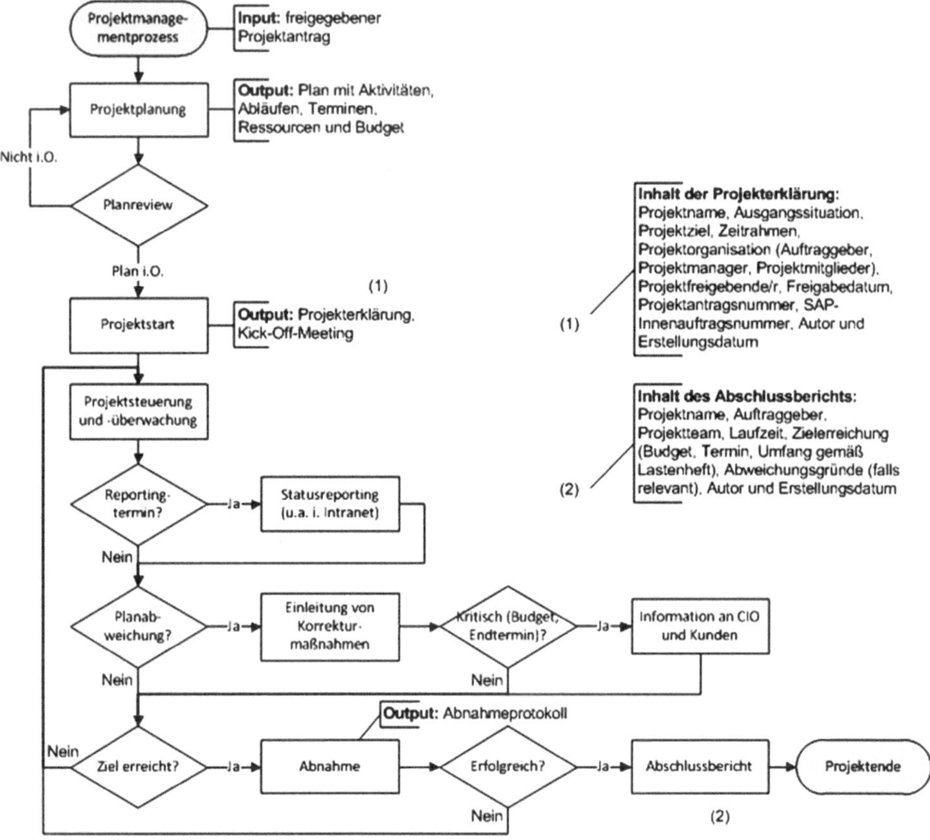

Abb. 6.5 Projektmanagementprozess

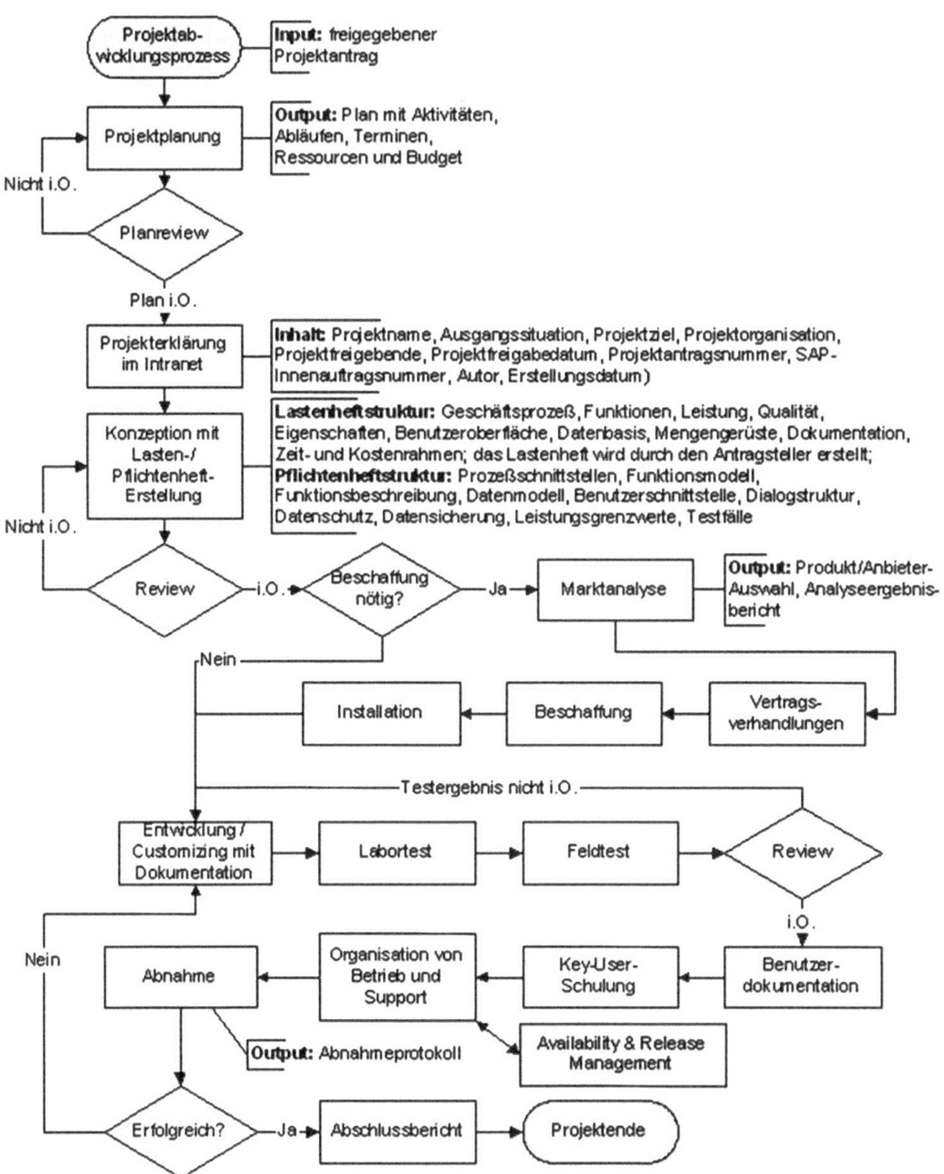

Abb. 6.6 Projektabwicklungsprozess

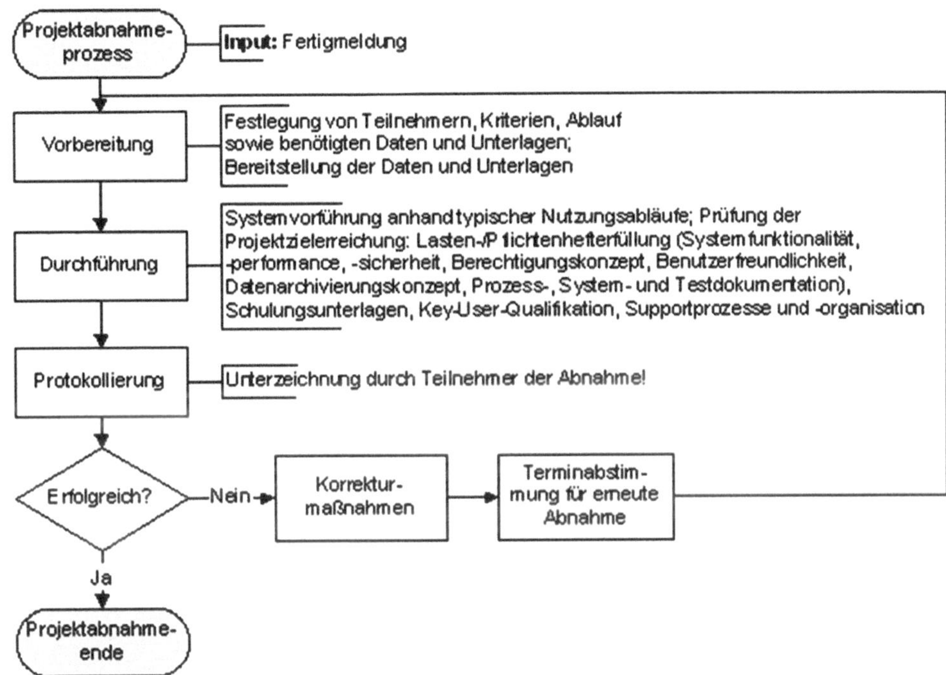

Abb. 6.7 Projektabnahmeprozess

- ausreichend Zeit für die Konzeption, d. h. für die Spezifikation der technischen Lösung (Pflichtenheft) sowie für die Planung von Aktivitäten, Abläufen, Terminen, Ressourcen und Kosten,
- verständliche, realisierbare, messbare Ziele für jedes Teammitglied,
- die Festlegung und kontinuierliche Kontrolle projektbezogener Kennzahlen,
- die Berücksichtigung potenzieller Risiken in der Planung und der Aufbau eines Frühwarnsystems,
- ein systematisches Change-Management zur Analyse der Auswirkungen, bevor ein Antrag auf eine Änderung angenommen wird,
- ein ständiges Marketing für das Projekt,
- die Organisation von Anwenderschulungen,
- die Überwachung aller Teilschritte bzgl. Umfang, Qualität (mit Funktionstests, Kunden-Feedback etc.), Ergebnis, Terminen und Kosten sowie die rechtzeitige Einleitung von Korrekturmaßnahmen zur Gewährleistung der Zielerreichung,
- die geordnete Übergabe der Verantwortung für den laufenden Betrieb an die zuständigen Organisationseinheiten.

Standardisierte Methoden wie PRINCE2 (Projects in controlled Environments), PMBOK (Project Management Body of Knowledge), Scrum und ICB (IPMA Competence

Tab. 6.9 Projektphasen einer SAP-ERP-System-Einführung

Nr.	Name	Aufgabe	Ergebnisse	Dauer
1	PROJECT PREPA-RATION Projektvorbereitung	• Organisation des Projekts (Ressourcen, Termine, Budgets, Schulungen)	• Projektorganisation (Ressourcen) • Projektplan • Schulungsplan	4 Wochen
2	BLUEPRINT Konzept	• Erheben der Anforderungen in Workshops • Erste SAP-Demos für Key-User	• Grobkonzept für alle Module auf Prozessebene (Geschäftsprozessmodell) • SAP-Basiswissen im Projektteam • Deltaliste zum SAP-Standard	3 Wochen
3	SIMULATION Prototyp	• Prototyping • Key-User-Training • Erste Beurteilung des Prototyps • Wissenstransfer von Beratern ans Projektteam	• Erster Prototyp (Organisationsstrukturen, Stammdaten, repräsentative Geschäftsprozesse) • Feinkonzept Rechnungswesen und Logistik • Plan für Programmentwicklung (inkl. Lösung für Anpassungen)	4 Wochen
4	SYSTEM PREPA-RATION Ausprägung des Systems	• SAP-Einstellungen laufend verfeinern • Anpassen bzw. Entwickeln von Programmen für Datenübernahme, Formulare bzw. Berichte, permanente Interfaces, notwendige Anpassungen • Labortests und Korrekturen • Stammdaten aufbereiten	• Buchungskreis, Formulare, Berichte, Interfaces und Stammdaten bereit für den Integrationstest • Notwendige Programme entwickelt	16 Wochen
5	VALIDATION Überprüfung	• Berechtigungen einstellen • Key-User schulen • Stammdaten laden • Alle Einstellungen ins Integrationssystem übernehmen • Integrationstest mit Korrekturen: Abläufe, Interfaces, notwendige Anpassungen, Massentest	• Fertiger, getesteter Buchungskreis im Integrationssystem • Funktionsumfang für den Produktivstart eingefroren	5 Wochen

(Fortsetzung)

Tab. 6.9 (Fortsetzung)

Nr.	Name	Aufgabe	Ergebnisse	Dauer
6	FINAL PREPARATION Produktivstartvorbereitung	• Anwenderhandbücher erstellen • Anwender schulen • Simulation des Aufbaus des Produktivsystems inkl. Datenübernahme (Stammdaten, Bestandsdaten, Bewegungsdaten und offenen Posten)	• Anwenderdokumentation fertig • Anwender geschult • Produktivstart vorbereitet • Bestände abgeglichen	4 Wochen
7	GO LIVE Produktivstart	• SAP produktiv setzen	• System produktiv	2 Tage
8	SUPPORT Unterstützung	• Intensive Unterstützung der Anwender	• 1. Monatsabschluss erfolgreich • System stabil	6 Wochen

Baseline) [2] beschreiben Best Practices für das Management von Projekten. PRINCE2 (siehe [11, 12]) umfasst beispielsweise die Wirtschaftlichkeitsbetrachtung im Business Case, die Projektorganisation, die Projektspezifikation, die Projektplanung, das Projektrisikomanagement, das Change Management, das Projektcontrolling und das Projektstatusreporting. Best Practices können u. a. genutzt werden, um kritische Projekte, in denen Probleme auftreten, in einem Health-Check zu bewerten (s. Tab. 6.10).

6.5 Change Management

Veränderungen beinhalten Risiken und können Widerstände in Organisationen verursachen.

Änderungen an unternehmenskritischen Komponenten der IT-Landschaft sind im Rahmen eines systematischen Change Managements (s. auch Abb. 5.23) durchzuführen, um Risiken für den Betrieb bestehender Business-Services zu minimieren. Änderungsanforderungen (Change Requests) werden bzgl. ihrer Notwendigkeit und Risiken analysiert, um für die Risiken geeignete vorbeugende Maßnahmen und Fall-Back-Maßnahmen festzulegen und über die Umsetzung entscheiden zu können. Anschließend entscheidet das Change-Advisory-Board (s. Tab. 5.3), ob und wann eine Änderung durchzuführen ist.

Weitreichende Veränderungen von Geschäftsprozessen, Organisationsstrukturen oder IT-Systemen greifen stets in gewachsene Beziehungen ein. Dies erzeugt Unsicherheit und Spannungen. Jeder Veränderungsprozess kann so zu Konflikten führen, die rechtzeitig erkannt und gelöst werden sollten. Erfolgreiche Veränderungen sind nur in einer veränderungsfreundlichen Umgebung möglich. Sie wird in Organisationen mittels eines begleitenden Change Managements geschaffen. Mit der bewussten und professionellen

Tab. 6.10 Projekt-Health-Check nach PRINCE2 [13]

Projektelement	Fragen
Projektvorbereitung	• Gibt es einen Auftraggeber? • Wurde ein Lenkungsausschuss vor dem Projektstart festgelegt? • Gibt es eine Projektbeschreibung? • Sind die Anforderungen des Auftraggebers in einem Lastenheft dokumentiert? • Gibt es messbare Qualitätskriterien, die die Erwartungen des Auftragsgebers widerspiegeln? • Liegt ein freigegebener Plan für die Initiierungsphase vor? • Wurden die Projektrisiken ermittelt?
Initiierung	• Wurde die Initiierungsphase formell gestartet? • Gibt es ein Projektleitdokument bzw. Projekthandbuch mit Angaben zu Projektzielen, Projektbeschränkungen, Projektabhängigkeiten, Projektfokus, Reportingprozeduren, Reportinginhalten, Reportingintervallen, Kommunikationsplan, Projektplan, Business Case etc.? • Wurde das Projektleitdokument bzw. Projekthandbuch einer Qualitätsprüfung unterzogen? Hat der Lenkungsausschuss es freigegeben? • Wurde die Initiierungsphase abgeschlossen, bevor die Projektarbeit begann?
Organisation	• Gibt es einen Projektlenkungsausschuss? • Vertreten die Kundenvertreter die Interessen der zukünftigen Nutzer ausreichend? • Wirken die Mitglieder des Lenkungsausschusses bei Bewertungen von Ausnahmen und Ergebnissen (Phasenübergänge) vollinhaltlich mit? • Gibt es einen Projektleiter? • Nimmt der Lenkungskreis darauf Einfluss, dass das Projekt korrekt ausgeführt wird (Projektsicherung)? • Gibt es für den Projektmanager eine Unterstützung bei der Planung, Archivierung und Verwaltung? • Hat jedes Projektteammitglied eine Job- bzw. Aufgabenbeschreibung bekommen? • Hat jedes Projektteammitglied seiner Jobbeschreibung zugestimmt und sie unterschrieben? • Wurde die Projektorganisation am Ende der Projektvorbereitung (d. h. zum Projektstart) festgelegt? • Stimmt die Organisationsbeschreibung mit der aktuellen Projektorganisation überein? • Ist die Rolle des Lieferanten (d. h. einer Person oder eines Teams, das für die Produktrealisierung im Projekt verantwortlich ist) eindeutig festgelegt? • Gab es Änderungen im Managementteam (Lenkungsauschuss, Projektmanager, Teammanager) und wurden sie protokolliert? • Hat der Lenkungsausschuss eine Einweisung für seine Rolle im Projekt erhalten? • Nehmen die Teammanager ihre Rolle richtig wahr?

(Fortsetzung)

Tab. 6.10 (Fortsetzung)

Projektelement	Fragen
Business Case	• Gibt es einen Business Case zur Wirtschaftlichkeitsbetrachtung? • Gibt es Werte für die erwarteten Projektergebnisse, die gemessen werden können? • Basiert der Business Case auf Annahmen, die vor dem Projekt getroffen wurden? • Werden die Annahmen anhand der Projektergebnisse überprüft? • Basieren die im Business Case berücksichtigten einmaligen Kosten auf dem Projektplan? • Ist der Nutzen so definiert, das er in einer Projektbewertung gemessen werden kann? • Wurden Messungen des Ausgangszustandes durchgeführt, um in der Projektbewertung den Nutzen durch einen Vergleich ermitteln zu können? • Wird der Business Case am Ende jeder Projektphase überprüft und aktualisiert? • Wer misst die Auswirkungen und Änderungen des Business Cases? • Wird der Einfluss von Änderungen im Projekt auf den Business Case bewertet?
Risiko	• Gibt es ein Risikoprotokoll zur Risikoerfassung mit Bewertung und Gegenmaßnahmen? • Wird das Risikoprotokoll laufend aktualisiert? • Sind die Risiken für jeden Phasenplan identifiziert und analysiert worden? Wurde vorbeugend gehandelt? • Gibt es einen formalen Prozess für das Risikomanagement? • Erfolgt bei jedem Phasenübergang eine Risikoanalyse? • Wurden die wichtigsten Risiken im Business Case berücksichtigt? • Wurden Eigentümer der Risiken festgelegt, um sie bestmöglich zu überwachen? • Werden die Risiken ausreichend regelmäßig überwacht? • Wurde die Risikowahrscheinlichkeit und Risikoauswirkung analysiert? • Wurden proaktive Maßnahmen zur Risikovermeidung eingeleitet, wenn dies notwendig war? • Wurde für besonders kritische Risiken ein Notfallplan vorbereitet? • Wurden alle offenkundigen Risiken berücksichtigt? • Wurden die Risiken und die Gegenmaßnahmen mit dem Lenkungsausschuss besprochen? • Wurden entsprechende Gegenmaßnahmen ergriffen? • Wurden die Risiken neu bewertet, wenn sich die Pläne geändert haben?

(Fortsetzung)

Tab. 6.10 (Fortsetzung)

Projektelement	Fragen
Projektplan	• Gibt es einen Projektplan? • Entspricht der Projektplan den PRINCE2-Anforderungen? • Wurden Planungsannahmen angegeben? • Zeigt der Projektplan die Phasenunterteilung? • Wurden alle Risiken des Planes im Risikoprotokoll erfasst? • Ist der Endtermin realistisch? • Wurde der Projektplan einer Qualitätskontrolle unterzogen? • War der Lenkungskreis zur Projektsicherung an der Bewertung beteiligt? • Wurde die produktbasierte Planungsmethode angewendet? • Gibt es eine Checkliste von Schlüsselprodukten? • Gibt es Produktbeschreibungen der Schlüsselprodukte mit ihrer Zusammensetzung, Herkunft und ihren Qualitätsanforderungen? • Entsprechen die Produktbeschreibungen dem Standard-PRINCE2-Format? • Werden die Produktbeschreibungen vor dem Beginn der Erstellung der Produkte überprüft?
Phasenplan	• Gibt es einen Phasenplan für jede Managementphase? • Entsprechen die Phasenpläne den PRINCE2-Anforderungen? • Sind Phasentoleranzen für Zeit- und Kostenaufwand definiert? • Sind Phasensteuerungsmittel festgelegt worden? Sind sie passend? • Sind Planungsannahmen beschrieben worden? • Wurden die Risiken des Phasenplans im Risikoprotokoll erfasst? • Passt der Phasenplan zum Projektplan? • Wird die Planung der nächsten Phase in jeder Phase korrekt ausgeführt? • Wurde die Qualität der Phasenpläne überprüft? • Wurde der aktuelle Phasenplan freigegeben? • Wurde die produktbasierte Planungsmethode in der Phasenplanung angewendet? • Gibt es eine Produktcheckliste für jede Phase? • Existieren Produktbeschreibungen für jedes Produkt auf der Checkliste? • Entsprechen die Produktbeschreibungen dem Standard-PRINCE2-Format? • Werden die Produktbeschreibungen vor dem Beginn der Erstellung der Produkte überprüft? • Wurden Team-Manager oder Teammitglieder in die Planung mit einbezogen? • Wurde der Entwurf des Phasenplans durch den Lenkungsausschuss zur Projektsicherung überprüft? • Hat die Projektsicherung Qualitätschecks zum vorläufigen Phasenplan hinzugefügt? • Hat die Projektsicherung Namen für die Qualitätschecks festgelegt? • Ist ausreichend Zeit und Aufwand für Projektleitungsaktivitäten eingeplant worden? • Wurde Zeit eingeplant, um Probleme zu analysieren? • Wurde eine angemessene Rate für die effektive Arbeitsleistung gewählt? • Ist für jedes Produkt eine Methode für die Qualitätsprüfung definiert worden?

(Fortsetzung)

Tab. 6.10 (Fortsetzung)

Projektelement	Fragen
Steuerungsmittel	• Werden Prüfpunkte in der Häufigkeit gesetzt, wie sie im Phasenplan definiert sind? • Welche aktuelle Fortschrittsinformation wird festgehalten? • Werden Ist-Werte verwendet, um den Phasenplan zu aktualisieren? • Entspricht die Aktualisierungsfrequenz der Größe des Planes? • Werden die Genehmigung und das Ergebnis von Arbeitspaketen schriftlich festgehalten? • Werden Schätzungen gesammelt, um weitere Informationen zu vervollständigen? • Werden die Produktchecklisten aktualisiert? • Werden Berichte über die Prüfpunkte erstellt? • Werden die Projektstatusberichte erzeugt, wenn es im Plan verlangt wird? • Werden die Projektstatusberichte im vereinbarten Format abgeliefert? • Wird der Phasenplan regelmäßig auf die Einhaltung der Toleranzen geprüft? • Werden Ausnahmeberichte erstellt, wenn Toleranzüberschreitungen drohen? • Wurde bisher ein Ausnahmeplan benötigt? • Wurden Ausnahmebewertungen durchgeführt, um Ausnahmepläne zu genehmigen? • Können die Phasen innerhalb der genehmigten Toleranzen abgeschlossen werden? • Werden Phasenabschlussbewertungen am Ende jeder Phase durchgeführt? • Gibt es für jede Phase einen Phasenabschlussbericht? • Entspricht der Phasenabschlussbericht dem Standard? • Wird die Phasenabschlussbewertungsdokumentation vor dem Meeting an die Teilnehmer verteilt? • Wird der Phasenabschlussbericht in der Phasenabschlussbewertung akzeptiert? • Sind unfertige Produkte im darauffolgenden Phasenplan inkludiert? • Zeichnet der Lenkungsausschuss Phasen ab und genehmigt die Weiterführung? • Nehmen die relevanten Projektmitglieder an den Phasenabschlussbewertungen teil? • Werden die Aktivitäten zur Phasenabschlussbewertung aufgezeichnet?

(Fortsetzung)

Tab. 6.10 (Fortsetzung)

Projektelement	Fragen
Qualität	• Hat der Kunde seine Qualitätserwartungen spezifiziert? • Gibt es einen Projektqualitätsplan? • Legt der Projektqualitätsplan konkrete Qualitätssicherungsverfahren fest? • Werden im Projektqualitätsplan die Verantwortlichkeiten für die Qualität definiert? • Gibt es Phasenqualitätspläne? • Sind im Phasenqualitätsplan Personen und Methoden festgelegt worden? • Existiert ein Qualitätsprotokoll? • Ist das Qualitätsprotokoll auf dem neuesten Stand? • Führen die Teams ein zentrales Qualitätsprotokoll? • Erhält der Projektleiter genügend Feedback, um sicherzustellen, dass die Qualität akzeptabel ist? • Werden die Projektsicherungsrollen genügend in Qualitätsüberprüfungen einbezogen? • Passen die Qualitätsdatei und das Qualitätsprotokoll zusammen? • Sind eventuelle externe Qualitätssicherungsrollen mit der Einbeziehung zufrieden?
Qualitätsprüfung	• Haben die Teilnehmer von Qualitätsprüfungen dafür ein Training bekommen? • Wurden der Vorsitzende und die Prüfer während der Phasen- oder der Teamplanung festgelegt? • Werden die Produkte vor den Qualitätsprüfungen an die Prüfer versendet? • Werden Produktbeschreibungen und eine leere Fragenliste mit den Produkten versendet? • Werden die Produkte gegen die Produktbeschreibungen geprüft? • Werden die Produkte so geprüft, wie es in den Produktbeschreibungen definiert wurde? • Ist genug Zeit für die Vorbereitung, die Prüfung und die Folgeaktivitäten einplant worden? • Werden die Fragelisten von den Prüfern vor den Qualitätsprüfungen fertiggestellt? • Gibt es für jedes Qualitätsprüfungsmeeting eine Agenda? • Senden Prüfer, die nicht an den Prüfungen teilnehmen können, Fragelisten? • Entstehen während der Qualitätsprüfungen Listen mit Folgeaktivitäten? • Zeichnen die Qualitätsprüfer Korrekturen ab? • Sind die Ersteller des Produktes immer anwesend? • Werden, wenn nötig, Folgeprüfungen durchgeführt? • Gibt es für jede Prüfung ein Prüfungsergebnis?

(Fortsetzung)

Tab. 6.10 (Fortsetzung)

Projektelement	Fragen
Änderungssteuerung	• Gibt es ein dokumentiertes Verfahren für die Steuerung von Änderungen? • Ist es das gleiche Verfahren, das im Projektplan angegeben wurde? • Werden offene Punkte protokolliert? • Gibt es eine Liste der offenen Punkte? • Werden offene Punkte regelmäßig bewertet? • Wurden die Auswirkungen von offenen Punkten auf den Business Case bewertet? • Wurden die Auswirkungen von offenen Punkten auf das Risikoprotokoll bewertet? • Werden alle offenen Punkte behandelt? • Wird der Status von offenen Punkten überwacht? • Wenn die Auswirkung eines offenen Punktes die Toleranz überschreitet, wird dies dann zum Leitungsausschuss eskaliert? • Werden die Pläne aktualisiert, um die vereinbarten Änderungen widerzuspiegeln? • Wird zwischen Spezifikationsabweichungen und Änderungsanträgen unterschieden?
Konfigurationsmanagement	• Ist eine formale Konfigurationsmanagementmethode im Einsatz? • Werden die Produkte kontrolliert, sobald sie beim Konfigurationsmanagement eingereicht sind? • Werden Produkte eindeutig gekennzeichnet? • Werden Beziehungen zwischen Produkten gekennzeichnet? • Werden die Produkte als abgeschlossen gekennzeichnet? • Haben Produkte Versionsnummern? • Sind die Produkteinträge aktuell? • Wird die Richtigkeit der Produkteinträge regelmäßig überprüft? • Werden alle alten Versionen aufgehoben? • Ist es einfach, alte Versionen wieder aufzufinden? • Entsprechen die Konfigurationseinträge den Supportanforderungen? • Ist die Konfigurationsadministratorenrolle definiert, zugeordnet und vereinbart? • Werden bei der produktbasierten Planung neue Einträge hinzugefügt?
Projektablage	• Gibt es ein erkennbares Ablagesystem für Projektunterlagen? • Ist die Struktur der Ablage festgelegt? • Deckt es das Projektmanagement und die entstehenden Spezialprodukte ab? • Gibt es eine Versionsverwaltung, beispielsweise für die Pläne? • Bietet die Dateiablage einen Prüfpfad für die Revision? • Sind Daten in der Ablage einfach zu finden? • Wird die Ablage aktuell gehalten? • Ist die Verantwortung für die Dateiablage klar definiert?

Gestaltung einer Veränderung lässt sich ein hoher Grad an Zielorientierung und Akzeptanz durch die Betroffenen erreichen. Entsprechend den Basisprozessen der Organisationsentwicklung sind 7 kritische Erfolgsfaktoren besonders zu beachten (s. Tab. 6.11).

Tab. 6.12 gibt eine Übersicht über einige Hilfsmittel, die dafür zur Verfügung stehen.

Insbesondere die digitale Transformation, in der ein Unternehmen auf das Digitalzeitalter vorbereitet wird, erfordert ein ganzheitliches Change Management. Zuerst ist der Reifegrad der Organisation für die Digitalisierung zu bestimmen. Dann sind die Chancen und Risiken eines neuen digitalen Geschäftsmodells zu ermitteln. Anschließend kann die Formulierung des Zielbildes mit digitalen Produkten und Dienstleistungen erfolgen und der Veränderungsprozess eingeleitet werden.

Die Wirksamkeit von Veränderungen lässt sich in Härtegraden beschreiben (s. Tab. 6.13).

Tab. 6.11 Kritische Erfolgsfaktoren der Organisationsentwicklung

Erfolgsfaktor	Erläuterung
Diagnose	• Kenntnis der Ausgangssituation (z. B. mittels SWOT-Analyse)
Soll-Entwurf	• Genaue Zielvorstellung
Psychosoziale Änderung	• Klärung von Missverständnissen, Abbau von Spannungen, Lösung von Konflikten
Information	• Ziele überzeugend vermitteln • Kontinuierliche und ausreichende Information aller Betroffenen über den Veränderungsprozess (insbesondere über den aktuellen Status und das weitere Vorgehen) • Erfolge für jeden sichtbar machen
Lernen	• Organisation von Lernprozessen zur Vermittlung neuer Fähigkeiten
Umsetzung	• Zügige, schrittweise Implementierung zur schnellstmöglichen Erreichung von Erfolgserlebnissen • Kurzfristige Ziele zuerst angehen und Erfolge publizieren, weitere Veränderungen ableiten und den Veränderungsprozess mit neuen Impulsen immer wieder beleben • Einbeziehung der Betroffenen, d. h. Betroffene zu Beteiligten machen
Management	• Professionelle Steuerung mittels Projektmanagement • Veränderungsbereitschaft vorleben: Führungskräfte, die bereits herausfordernde Phasen gemeistert haben, verfügen über praktische Erfahrungen mit Veränderungen und können eine authentische Vorbildfunktion ausüben • Neue Ansätze in der Unternehmenskultur verankern

Tab. 6.12 Hilfsmittel zur Organisationsentwicklung

Kategorie	Hilfsmittel
Kommunikation	• Intranet (Web, E-Mail), Mitarbeiterzeitschrift, Meetings, Workshops, Hotline (für Feedback)
Qualifikation	• Training, Coaching, Dokumentationsbereitstellung
Motivation	• Einbeziehung, Teilerfolge, Anreize
Management	• Projektmanagement, Knowledge-Management, Prozessmanagement
Nachhaltigkeit	• PDCA (s. Tab. 4.1)

Tab. 6.13 Definition von Härtegraden für Veränderungsmaßnahmen

Härtegrad	Erläuterung
HG1	• Potenzial identifiziert und Maßnahme definiert: Es gibt eine Maßnahmenbeschreibung und eine Zuordnung zu einer Organisationseinheit
HG2	• Maßnahme detailliert: Der Verantwortliche ist benannt, die Kosten und Risiken sind bekannt, die Meilensteine und das konkrete Ziel sind festgelegt
HG3	• Maßnahme umsetzungsbereit: Der Plan wurde geprüft und ist freigegeben
HG4	• Umsetzung abgeschlossen
HG5	• Voller Ergebniseffekt erzielt
HG6	• Ergebniseffekt 1 Jahr später nachhaltig

7 CIO

Der CIO leitet nicht nur einen Technologiebereich. Mit einem umfangreichen Wissen über das Geschäft des Unternehmens, in dem er tätig ist, und ausgeprägten Fähigkeiten als Moderator und Kommunikator kann er in enger Zusammenarbeit mit den operativen Einheiten und seinen Kollegen in der Geschäftsleitung nicht nur effizientere Geschäftsprozesse gestalten, sondern im Rahmen der digitalen Transformation auch neue, wettbewerbsfähige Geschäftsmodelle entwickeln. Seine zukunftsorientierte Rolle ist anspruchsvoll, vielseitig und erstrebenswert.

7.1 Wie wird man CIO?

Es gibt zwei Möglichkeiten, die klassische Laufbahn mit einer schrittweisen Karriere innerhalb der IT-Organisation sowie den Quereinstieg von Führungskräften mit einer General-Management-Laufbahn in verschiedenen Unternehmensbereichen und nachweisbarem technischem Know-how.

In konservativen Unternehmen kommt meist derjenige weiter, der am längsten dabei ist, sich kontinuierlich weiterentwickelt hat und nun an der Reihe ist. Dafür benötigt er viel Geduld und muss darauf vertrauen, dass sich am Karrieremodell nichts ändert. Moderne Unternehmen, die in starkem Wettbewerb stehen, suchen auch Quereinsteiger, die bereits schwierige Situationen bewältigt haben und vielfältige Erfahrungen aus unterschiedlichen Unternehmensbereichen mitbringen, um so die Geschäftsorientierung des CIOs sicherzustellen.

Wer Führungskraft werden möchte, muss v. a. Engagement, ein hohes Maß an Eigeninitiative, überdurchschnittliche Leistungsbereitschaft, Lernbereitschaft und Offenheit zeigen. Mit der Übernahme von Projektverantwortung kann er erste Führungserfahrungen sammeln. Auch eine Auslandstätigkeit hilft, sich als Persönlichkeit weiterzuentwi-

E. Foth, *Erfolgsfaktoren für eine digitale Zukunft,* Xpert.press,
DOI 10.1007/978-3-662-53177-8_7

ckeln, um mehr Verantwortung übernehmen zu können. Im Ausland muss man in kurzer Zeit viele neue Herausforderungen bewältigen, den Umgang mit einer anderen Kultur, neue Perspektiven, mehr Eigenverantwortung sowie die tägliche Kommunikation in einer anderen Sprache.

Werden alle Voraussetzungen erfüllt und ist eine der knappen CIO-Positionen frei geworden, sind Empfehlungen durch andere Führungskräfte besonders Erfolg versprechend, um diese Position auch zu bekommen. Gute Referenzen helfen ebenfalls.

Der Erfolgsdruck für neue CIOs ist groß. Um ihre Position zu festigen, sollten sie von Anfang an zeigen, dass sie das Geschäft ihres Unternehmens in die digitale Zukunft führen können und wollen. Einerseits müssen sie das Business verstehen und andererseits mit Technologie sowie digitaler Innovation neue Produkte und Services für das Unternehmen ermöglichen. Gleichzeitig hat jedes Unternehmen auch bestehende IT-Probleme, die zügig zu lösen sind. Ein neuer CIO wird deshalb am Anfang vor allem Fragen stellen und gut zuhören müssen, um das Unternehmen, dessen Mitarbeiter, die Top-Entscheider, die Leistungsträger, das Geschäftsmodell, die Unternehmensstrategie, die Geschäftspartner, die Kunden, den Markt, die IT-Landschaft und die Herausforderungen möglichst schnell kennenzulernen. Erste Kennzahlendefinitionen können helfen, den Ist-Zustand zu erfassen und nachfolgende Veränderungen messbar zu machen. Es folgt der Entwurf und die Abstimmung einer in die Unternehmensstrategie integrierten IT-Strategie sowie die schnelle Umsetzung erster Verbesserungsmaßnahmen. Eindeutige Verantwortlichkeiten und Entscheidungswege, die zuverlässige Einhaltung von Vereinbarungen und zügige Umsetzungen sichern das Vertrauen der internen Kunden. Enge Kontakte zu den operativen Einheiten stellen eine gute Zusammenarbeit und die Passfähigkeit der IT-Dienstleistungen sicher. Dafür richtet der CIO frühzeitig geeignete Kommunikationskanäle ein. Als exzellenter Kommunikator, guter Zuhörer und erfahrener Moderator sorgt er für eine bestmögliche Kommunikation. Mit der digitalen Innovation verschwimmen die Grenzen zwischen Business und IT. Der Aufbau von Geschäfts-Know-how hilft dem CIO beim Vorantreiben von Innovationen. Das IT-Team ergänzt die Fähigkeiten des CIOs mit fachlichen Know-how und neuen Ideen. Auch im Team ist v. a. crossfunktionales Wissen gefragt. Der CIO hat die Aufgabe, für jedes Talent in seinem Team die passende Position zu finden und Lücken mit Neueinstellungen sowie einem Netzwerk von Partnern zu füllen.

All dies macht den CIO-Job herausfordernd und spannend.

7.2 Aufgaben

Die Aufgaben eines CIOs sind vielfältig. Dementsprechend vielseitig müssen diejenigen sein, die sie erfolgreich bewältigen wollen.

Die Anforderungen an CIOs deutscher Unternehmen (s. Tab. 7.1) unterscheiden sich nur geringfügig von denen internationaler Konzerne (s. Tab. 7.2). Letztere legen häufig einen noch etwas größeren Wert auf internationale Erfahrungen und Geschäftskenntnisse.

Tab. 7.1 Beispiel für Anforderungen an CIOs deutscher Unternehmen in Stellenausschreibungen

Rubrik	Kategorie	Anforderungen
Aufgaben	Verantwortung	• Gesamtverantwortung für Informations- und Kommunikationstechnologien: – Entwurf, Abstimmung, Umsetzung und Weiterentwicklung der IT-Strategie – Sicherstellung des IT-Controllings, inkl. der Planung und Kontrolle der Einhaltung des jährlichen IT-Budgets sowie der Einführung und Veröffentlichung von KPIs – Entwurf, Abstimmung, Umsetzung und Weiterentwicklung der IT-Architektur – Einleitung vorbeugender Maßnahmen zur Gewährleistung von IT-Sicherheit – Systematisches IT-Demand-Management – Einführung, Überwachung und Durchsetzung von IT-Standards – Sicherstellung des reibungslosen IT-Betriebs entsprechend vereinbarter Service-Levels – Überwachung, Wartung und Optimierung der IT-Infrastruktur – Planung und Steuerung komplexer IT-Projekte – Steuerung und regelmäßige Bewertung aller externen Dienstleister – Fachliche und disziplinarische Führung der IT-Mitarbeiter
	Optimierung	• Integration, Harmonisierung und Optimierung von Geschäftsprozessen, Datenstrukturen und Informationssystemen • Verbesserung der Flexibilität und Effizienz der IT-Landschaft • Standardisierung
	Kommunikation	• Organisationsübergreifender Ansprechpartner
	Innovation	• Ideengeber und Umsetzer der Digitalisierungsstrategie des Unternehmens • Innovationsförderung sowie Initiieren, Steuern und Begleiten von Veränderungsprozessen • Entwicklung von Business Cases für neue Ideen
	Personalentwicklung	• Permanente Weiterentwicklung der Mitarbeiter
Voraussetzungen	Ausbildung	• Erfolgreich abgeschlossenes Studium der Informationstechnologie und breit angelegte Berufspraxis
	Berufserfahrungen	• Mehrjährige Führungserfahrung in einem anspruchsvollen Umfeld • Sehr gute IT-Fachkenntnisse zu Applikationen, Infrastruktur, Netzen, Sicherheit, Services und Recht • Nachgewiesenes betriebswirtschaftliches Know-how • Erfahrungen im Management anspruchsvoller, komplexer Projekte im globalen Umfeld • Erfahrungen mit der Optimierung von Geschäftsprozessen • Interkulturelle Kompetenz
	Fähigkeiten	• Hohe Führungs- und Sozialkompetenz, d. h. die Fähigkeit, ein Team erfolgreich zu entwickeln und zu führen • Fließendes Deutsch und verhandlungssichere Englischkenntnisse • Sehr gute analytische Fähigkeiten • Richtiges Augenmaß im Umgang mit den verschiedenartigsten Anforderungen und Interessen • Teamfähigkeit • Souveränes Auftreten
	Eigenschaften	• Kommunikations- und Überzeugungsstärke • Pragmatismus • Umsetzungsstärke

Zu den Kernaufgaben eines CIOs gehört es, einen stabilen Betrieb der IT-Landschaft zu gewährleisten und Services sowie Innovationen in der vereinbarten Zeit, zum vereinbarten Preis und in der vereinbarten Qualität zu liefern.

Tab. 7.2 Beispiel für Anforderungen an CIOs internationaler Konzerne in Stellenausschreibungen

Rubrik	Kategorie	Anforderungen
Aufgaben	Verantwortung	• Gesamtverantwortung für Geschäftsprozessexzellenz und Informationstechnologie: Führung der Organisation und deren Vertretung im internationalen Kontext sowie Verantwortung für das IT-Budget • Aktive Beteiligung in der Geschäftsleitung zur Verbesserung der Marktposition des Unternehmens • Berichtsweg an den CEO
	Strategieentwicklung	• Verantwortlichkeit für die Geschäftsprozessexzellenz- und IT-Strategie: Entwicklung, Geschäftsausrichtung, Abstimmung und Implementierung der Strategie
	Geschäftsprozessmanagement	• Gewinnen von Wettbewerbsvorteilen durch exzellente Geschäftsprozesse • Globale Einführung von kontinuierlichen Verbesserungsprozessen • Förderung von Best Practices für Geschäftsprozesse • Analyse, Optimierung und Standardisierung von Geschäftsprozessen
	Optimierung	• Harmonisierung von Geschäftsprozessen, Datenstrukturen und Informationssystemen • Kontinuierliche Verbesserung der Effektivität und Effizienz der IT
	Kommunikation	• Kunden- und Lieferantenbeziehungsmanagement
	Innovation	• Entwicklung und Förderung neuer Ideen sowie dementsprechende Weiterentwicklung der Geschäftsprozesse und Informationssysteme
	Personal-entwicklung	• Förderung von Talenten und kontinuierliche Weiterentwicklung der Mitarbeiter
Voraussetzungen	Ausbildung	• Abgeschlossenes Universitätsstudium der Informationstechnologie, Wirtschaftsinformatik oder ein vergleichbarer Studienabschluss bzw. Berufserfahrungen
	Berufserfahrungen	• Wenigstens 20 Jahre Berufserfahrungen, inkl. 10 Jahren in Managementpositionen mit Personal- und Budget-Verantwortung • Wenigstens 2 Jahre internationale Erfahrung • Umfassende praktische IT-Kenntnisse: Planung, Entwicklung, Betrieb, Service Management, Unternehmensarchitektur, SAP etc. • Projektmanagementerfahrungen in hochkomplexen IT-Projekten
	Fähigkeiten	• Nachgewiesene Fähigkeiten zur Führung von Geschäfts- und IT-Organisationen • Kunden- und teamorientiertes Denken und Handeln • Exzellente Präsentationsleistungen • Sicheres Auftreten im internationalen Top-Management • Sprachen: Deutsch und Englisch (verhandlungssicher)
	Eigenschaften	• Ansprechende und überzeugende Persönlichkeit mit Autorität und Teamgeist • IT-Visionär mit unternehmerischem Realismus und Kosten-Nutzen-Denkweise • Durchsetzungsvermögen, Verhandlungsstärke und ausgeprägte Führungsfähigkeiten • Persönlichkeit und Kreativität im Denken und Handeln • Engagement, Überzeugungskraft, Belastbarkeit und Ergebnisorientierung • Hohe Flexibilität und Reisebereitschaft

Der IT-Betrieb wird mittels Standardisierung und Automatisierung wie in einer Fabrik organisiert, um mit höchster Zuverlässigkeit zu laufen. Virtualisierung und Cloud-Services gestatten trotzdem eine hohe Flexibilität.

Innovation wird zum Kernbestandteil jeder Geschäftstätigkeit. Vor allem vom CIO wird erwartet, dass er Innovationen vorantreibt, um Prozesse effizienter zu gestalten und neue Geschäftsmöglichkeiten zu schaffen, sodass das Unternehmen wettbewerbsfähig bleibt. Dazu muss er das Geschäft verstehen und sich mit neuesten Technologien befassen. Gut vernetzt mit Kunden und Mitarbeitern gewinnt der CIO im regelmäßigen Dialog einen tiefen Einblick in die aktuellen geschäftlichen Anforderungen.

Mit einer kontinuierlichen Identifikation und Prüfung neuester Technologien und einem Portfoliomanagement, das die Ressourcen kanalisiert, um Innovationen in der Organisation strukturiert voranzubringen, unterstützt sein Team die Einführung von Innovationen. Mit einer zielgerichteten Kommunikation und einem individuellen Eingehen auf Einzelne gewinnt der CIO Mitarbeiter und Kollegen für neue Themen. Dabei tritt er als Vorbild auf und schafft mit seinem Handeln Vertrauen. Indem er das Change Management selbst in die Hand nimmt, kann er Mitarbeitern die Ängste vor den Veränderungen nehmen.

7.3 Führungsinstrumente

Führungskräfte setzen v. a. die in Abb. 7.1 dargestellten Führungsinstrumente ein.

Für CIOs gibt es einige spezifische Führungsinstrumente, die ihre Arbeit besonders gut unterstützen (s. Tab. 7.3).

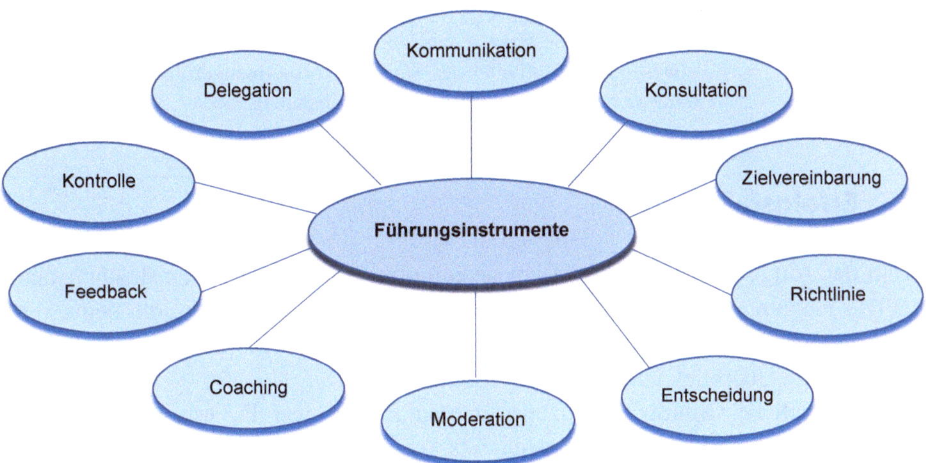

Abb. 7.1 Einige allgemeine Führungsinstrumente

Tab. 7.3 Einige spezifische Führungsinstrumente für CIOs

Bezeichnung	Erläuterung
IT Advisory board meetings	• Ein Beirat bestehend aus Vertretern verschiedener Organisationen kann helfen, neue Ideen zu entwickeln sowie Feedback und Ratschläge zur Weiterentwicklung der IT-Services zu bekommen • Üblicherweise hat der Beirat einen informellen Charakter
Expert panels	• Expertengremien dienen der Abstimmung von Fachthemen • Beispiele für mögliche Expertengremien enthält Tab. 5.3 „IT-Boards"
CIO calls	• In regelmäßigen oder anlassbezogenen Telefonkonferenzen kann der CIO alle IT- Mitarbeiter unabhängig vom Standort gleichzeitig über wichtige Neuigkeiten informieren
Jour fixe meetings	• Regelmäßige Termine zum Informationsaustausch unterstützen die gegenseitige Abstimmung zwischen dem CIO und seinen ihm direkt unterstellten Mitarbeitern
Team meetings	• Die einzelnen Teams (z. B. IT-Führungskreis, IT-Service-Center, IT-Solution-Center, IT-Projektteams) sollten sich ebenfalls regelmäßig zum Informationsaustausch treffen
Business reviews	• Auch in den monatlichen Besprechungen des Geschäftsverlaufs kann der CIO aktuelle geschäftliche Informationen erhalten
Peer meetings	• In regelmäßigen Treffen mit Kollegen erfolgt eine Abstimmung über aktuelle, wichtige Ereignisse • Während dieser Treffen erhält der CIO auch ein Feedback zur Arbeit der IT-Organisation
Steering board meetings	• Der Lenkungskreis ist das oberste beschlussfassende Gremium einer Projektorganisation • Von ihm werden die Projektergebnisse überwacht und Entscheidungen getroffen, die außerhalb der Kompetenz des Projektmanagers liegen, z. B. grundlegende Korrekturen des Projektplans • Der Lenkungskreis besteht i. d. R. aus den Auftraggebern und dem CIO
Townhall meetings	• Während des Besuches eines Unternehmensstandortes können alle anwesenden Mitarbeiter des Standorts zusammengerufen werden, um aktuelle geschäftliche Informationen auszutauschen

7.4 Erfolgsfaktoren

Obwohl das Aufgabengebiet des CIOs sehr komplex ist und er situationsbedingt unterschiedlich reagieren muss, lassen sich doch einige grundsätzliche Faktoren nennen, die für ihn die Wahrscheinlichkeit stark erhöhen, erfolgreich zu handeln. Tab. 7.4 gibt in Kurzform einen Überblick über Erfolgsfaktoren für CIOs.

Eine wesentliche Grundvoraussetzung für den Erfolg einer IT-Organisation und des CIOs ist ein gut funktionierendes, leistungsstarkes Team. Deshalb gehören Personalentscheidungen mit zu den wichtigsten Entscheidungen einer Führungskraft. Ein neuer CIO wird aus diesem Grund von Anfang an nur die besten Kandidaten an Bord nehmen und

Tab. 7.4 Erfolgsfaktoren für CIOs

Kategorie	Erfolgsfaktoren
Mitarbeiter	• Das beste, an neue Anforderungen anpassungsfähigste Team aufbauen • Die direkt unterstellten Führungskräfte coachen, sodass sie an ihren Aufgaben wachsen
Eigenes Verhalten und eigene Fähigkeiten	• Selbst als Vorbild handeln und eine gute Führungskraft sein • Fachliches, geschäftliches sowie crossfunktionales Know-how mitbringen und ständig weiter ausbauen • Eine zielgerichtete, regelmäßige Kommunikation zu Kunden, Kollegen, Mitarbeitern und Geschäftspartnern pflegen, dabei auch auf Einzelne eingehen und gut zuhören • Die zuverlässige Einhaltung von Vereinbarungen als Grundlage der Vertrauensbildung • Entscheidungs- und Umsetzungsstärke sowie Durchhaltevermögen • Zielorientiertes Handeln
Kunden	• Die Kunden sowie ihre Anforderungen und Probleme kennen • Regelmäßige Kontakte aufbauen und pflegen • Die Kunden beraten, um ihnen bei der Lösung ihrer Probleme zu helfen und sie über neue Möglichkeiten informieren
Kollegen & Geschäftspartner	• Verbündete suchen und ein eigenes Netzwerk aufbauen
Innovation	• Neue Technologien und Marktentwicklungen verfolgen • Neue Ideen entwickeln, abstimmen, fördern und zügig umsetzen, um Prozesse effizienter zu gestalten und neue Geschäftsmöglichkeiten zu schaffen • Ein kontinuierliches Change-Management bei unternehmenskritischen Veränderungen betreiben
Prozesse	• Den IT-Betrieb standardisieren und die Service-Level-Einhaltung mit KPIs überwachen • Ein professionelles Demand- und Change-Management betreiben • IT-Projekte strukturiert durchführen
Qualität	• Den IT-Betrieb entsprechend den Service-Level-Agreements mit den Kunden sicherstellen • Die Anforderungen aus dem Lastenheft des Kunden an eine neue IT-Lösung zuverlässig erfüllen
Finanzen	• Komplexitätsreduzierung durch eine Homogenisierung der IT-Landschaft und eine Standardisierung der IT-Service-Prozesse • Kontinuierliches IT-Portfolio- und IT-Sourcing-Management zur Sicherstellung bedarfsgerechter, kostengünstiger IT-Services • IT-Risiken kennen, überwachen und mit vorbeugenden Maßnahmen reduzieren • Budgeteinhaltung

alles daran setzen, sie langfristig an das Unternehmen zu binden, sobald sie in der Praxis ihre Fähigkeiten bewiesen haben. Wenn er sich bei der Auswahl getäuscht hat, handelt er konsequent und sucht erneut. Optimale Kandidaten beherrschen ihr Aufgabengebiet so gut, dass sie weitgehend selbstständig arbeiten können, sie vertreten aus eigener Überzeugung die Grundwerte des Unternehmens, haben Freude daran, ihre Arbeit gut zu machen, motivieren sich selbst, sind selbstdiszipliniert und fühlen sich für das Ergebnis ihrer Arbeit verantwortlich. Hat der CIO seine Führungsmannschaft zusammengestellt, dann tut sie dasselbe in ihrem jeweiligen Verantwortungsbereich, bis alle Positionen optimal besetzt sind.

Als gute Führungskraft übernimmt der CIO Verantwortung, arbeitet mit Leidenschaft, handelt und entscheidet vorbildlich, entsprechend den Grundwerten des Unternehmens, vereinbart herausfordernde, realistisch erreichbare Ziele, kommuniziert offen und angemessen, bezieht seine Mitarbeiter situationsbezogen in die Entscheidungsfindung mit ein, gibt ihnen Feedback und Freiräume, fördert ihre selbstständige Arbeitsweise und macht nur dann Vorgaben, wenn dies nötig ist. Er erkennt und entwickelt die Potenziale der Mitarbeiter und sorgt für die Einhaltung von Vereinbarungen. Als entscheidungsstarke Führungskraft ist er verlässlich, setzt Pläne konsequent um und lässt sich von Rückschlägen nicht aus der Bahn werfen. Sollte eine Abweichung einmal unvermeidlich sein, informiert er frühzeitig darüber. Mit Mitarbeitern, Kollegen und Kunden pflegt er einen wertschätzenden Umgang. Er arbeitet mit Anerkennung und sachlicher Kritik. Sein internes und externes Netzwerk mit Verbündeten hilft ihm, einen Veränderungsbedarf für Systeme, Services und Prozesse frühzeitig zu erkennen und erfolgreich umzusetzen. Mit fundiertem fachlichen und geschäftlichen Wissen berät er die Vorstände und Verantwortlichen operativer Geschäftsbereiche, löst mit ihnen gemeinsam Probleme und hilft ihnen, ihre Bereiche erfolgreich weiterzuentwickeln. Er ist stets gut informiert über den Status von Projekten, die Ursachen von kritischen Problemen und den Status eingeleiteter Korrekturmaßnahmen. Eine tägliche, kurze Ereignisnotiz ist für ihn ein nützliches Hilfsmittel, um Fragen direkt beantworten zu können. Er nutzt vielfältige Kommunikationskanäle (z. B. Firmenzeitschriften, IT-Newsletter, Meetings), um über IT-Themen zu informieren. Während seiner täglichen Arbeit lernt er permanent dazu und bildet sich ständig weiter. Er hält er sich nicht nur geistig, sondern auch körperlich fit. Sein Englisch ist verhandlungssicher. Seine Umgangsformen sind korrekt.

Das gute Benehmen ist ein Ausdruck der Wertschätzung für Mitarbeiter, Kollegen, Vorgesetzte, Geschäftspartner und Gäste. Ein Lächeln, ein freundliches Wort, ein guter Händedruck und ein Blick in die Augen brechen das Eis und öffnen den Weg zur gegenseitigen Verständigung. Zu den guten Umgangsformen gehört es beispielsweise, Bitte und Danke zu sagen, zu grüßen und einen Gruß zu erwidern, zur Begrüßung aufzustehen, Menschen mit ihren Namen anzusprechen, sie beim Sprechen anzusehen, ihnen beim Sprechen zuzuhören und sich korrekt, anlassbezogen und sauber zu kleiden.

Die Kommunikationsfähigkeiten eines CIOs tragen wesentlich zu seinem Erfolg oder Misserfolg bei. Als Partner für den CEO und alle anderen Führungskräfte, als Mitverantwortlicher gemeinsamer Projekte und als Leiter hochqualifizierter Teams ist für ihn eine zielgerichtete, regelmäßige Kommunikation unverzichtbar. Ein CIO sollte Komplexes verständlich erklären, erfolgreich verhandeln und sehr gut präsentieren können. Dies erfordert Einfühlungsvermögen und Eloquenz. Die praktische Beherrschung bewährter Gesprächstechniken (s. Tab. 7.5) kann dabei helfen, Probleme auf dem Weg zur Erreichung gemeinsamer Ziele zu lösen.

Tab. 7.5 Interventionstechniken

Technik	Erläuterung
Aktives Zuhören	• Mit einer Verständnisfrage wird überprüft, ob das Gehörte richtig verstanden wurde. Dafür ist es notwendig, sich in andere hineinzuversetzen und sie zu verstehen. Grundlage ist, dass jeder Mensch eigenverantwortlich eigene Probleme und Konflikte lösen kann, wenn er ein unterstützendes Umfeld hat • Das Zuhören, Fragen stellen und sich an das Gesagte erinnern, zeigen Interesse am Gesprächspartner
Fragen	• Fragen sind besonders gut geeignet, Informationen vom Gesprächspartner zu sammeln und Konfliktpotenziale bewusst zu machen. Das trifft v. a. für offene Fragen zu, die mit einem Fragewort beginnen • Außerdem kann eine Frage im Gespräch mit Mitarbeitern auch genutzt werden, um sie um etwas zu bitten. Dies gibt ihnen, im Gegensatz zu einer Anweisung, die Möglichkeit, sich dazu zu äußern
Schweigen	• Schweigen kann als Aufforderung an den Gesprächspartner dienen, mehr zu sagen
Körpersprache	• Sie kann zur Gesprächsaktivierung eingesetzt werden. Zum Weitersprechen auffordernde Gesten sind z. B. hochgezogene Augenbrauen, ein leicht geöffneter Mund, ein Heben des Kopfes oder ein Nicken. Mit einem Stirnrunzeln kann der Gesprächspartner auch dazu gebracht werden, Aussagen zu erläutern • Körpersprache kann von Führungskräften aktiv für eine positive Ausstrahlung genutzt werden, wenn sie ernst und konzentriert bei der Arbeit und zugleich freundlich und hilfsbereit sind
Nondirektive Technik	• Es wird ein Teil der Aussage des Gesprächspartners fragend wiederholt. Er liefert dann weitere Informationen über den Sachverhalt
Interpretation	• Dies ist eine Aussage darüber, was verstanden wurde. Dies geht über das Gesagte hinaus. Ist die Interpretation korrekt, fühlt sich der Gesprächspartner verstanden, anderenfalls korrigiert er
Lösungsangebot	• Sie zeigen dem Gesprächspartner einen Weg zur Lösung seines Problems. Bevor Lösungsangebote formuliert werden, muss das Problem analysiert und klar definiert worden sein
Verbalisieren	• Der Sinn einer Aussage wird mit eigenen Worten wiederholt • Dies fördert einen offenen Gesprächsverlauf
Paradoxe Intervention	• Die Aussage des Gesprächspartners wird ins Gegenteil verkehrt, um vorübergehend eine andere Perspektive ins Gespräch zu bringen
Metakommunikation	• Sie ermöglicht es, verfahrene Gespräche zum Gegenstand der gemeinsamen Betrachtung zu machen. Mit Distanz und Überblick wird über die verfahrene Sachebene oder die gestörte Beziehung gesprochen • Sobald die Hemmnisse bewältigt worden sind, können die Gesprächspartner wieder zu ihrem eigentlichen Thema zurückkehren

Offen zu sein für neue Gedanken und Ideen ermöglicht es, auch andere Standpunkte zu akzeptieren. Wer freundlich, rücksichtsvoll und selbstbewusst auftritt, bekommt mehr Aufmerksamkeit. Zu getroffenen Entscheidungen auch in schwierigen Situationen zu stehen, signalisiert Aufrichtigkeit und schafft Vertrauen. Anspruchsvolle Ziele lassen sich nur mit großem Durchhaltevermögen erreichen. Auftretende Probleme sind Chancen, aus Fehlern zu lernen und sich weiterzuentwickeln. Wer es gar nicht erst versucht, ist bereits gescheitert. Jeder CIO, der erfolgreich ist, arbeitet hart und mit Leidenschaft.

7.5 Networking mit anderen CIOs

Menschen und ihre Beziehungen bewegen die Welt. Jeder hat die Möglichkeit, sich Netzwerke aufzubauen, die aus Kollegen, Freunden, Bekannten und Verwandten bestehen.

Wer einmal entstandene Beziehungen über einen längeren Zeitraum bewusst pflegt und ausbaut, kann darüber bei Bedarf auf das Wissen und die Erfahrungen anderer zurückgreifen

Tab. 7.6 Networking-Plattformen für CIOs

Plattform	Erläuterung
Cio.de/netzwerk	• Das CIO-Netzwerk ist mit über 15.000 registrierten Nutzern das größte soziale Netzwerk für CIOs und IT-Entscheider in Europa • Veranstaltungen, wie die Auszeichnung des CIOs des Jahres, die Hamburger IT-Strategietage sowie CIO-Soirees, ermöglichen persönliche Treffen und einen interessanten Informationsaustausch • Das CIO-Magazin der IDG Business Media GmbH veröffentlicht Fachbeiträge von CIOs und bietet auf ihre Bedürfnisse zugeschnittene Informationen
LinkedIn.com	• LinkedIn ist mit über 400 Mio. registrierten Nutzern in mehr als 200 Ländern gegenwärtig das weltweit größte globale Netzwerk zur Pflege bestehender Geschäftskontakte und zum Knüpfen von neuen geschäftlichen Verbindungen • Im deutschsprachigen Raum hat LinkedIn mehr als 7 Mio. Nutzer • Die Plattform unterstützt den Informationsaustausch mit eigenen Kontakten sowie in Interessengruppen
Voice-ev.org	• Der Voice e. V. Bundesverband der IT-Anwender mit ca. 400 Mitgliedern ist ein Netzwerk der CIOs von Unternehmen im deutschsprachigen Raum • Der Austausch von fachlichen Informationen und Best-Practice-Erfahrungen wird mit CIO-Roundtables, Special Interest Groups und Thementagen sowie auf der exklusiven Online-Plattform unterstützt • Darüber hinaus vertritt der Bundesverband die Interessen von IT-Anwendern in der Öffentlichkeit • Einmal jährlich treffen sich die Mitglieder zur Jahrestagung in Berlin
Xing.de	• Xing ist mit über 10 Mio. Mitgliedern die größte Plattform für berufliche Netzwerke im deutschsprachigen Raum • Man kann Fachpersonal selbst suchen, Stellenangebote einstellen, Veranstaltungen organisieren und daran teilnehmen, sich an den Diskussionen in Fachgruppen beteiligen sowie aktuelle Branchen-News beziehen

und den Informationsaustausch als Inspirationsquelle nutzen. Ein gutes Netzwerk besteht oft bereits lange bevor es tatsächlich benötigt wird. Es lebendig zu halten mit aktuellen Informationen und regelmäßigen Kontaktaufnahmen, ist eine Investition in die Zukunft, die sich lohnt. Dies gilt sowohl in beruflicher als auch in privater Hinsicht.

CIOs können die in Tab. 7.6 zusammengestellten Networking-Plattformen empfohlen werden, um untereinander Kontakte aufzubauen und zu pflegen.

7.6 Work-Life-Balance

Für ein erfülltes Leben müssen das Arbeits- und das Privatleben in Einklang sein. Beruflicher Erfolg führt immer dann zu einer höheren Lebenszufriedenheit, wenn sich berufliche Anforderungen und persönliche Ziele decken und das Privatleben nicht darunter leidet.

Flexibles und mobiles Arbeiten sind längst normal geworden. Belastungsspitzen in Projekten und die internationale Zusammenarbeit erfordern auch berufliche Aktivitäten in Zeiten, wo andere bereits schlafen. Smartphones, Tablets und Laptops ermöglichen eine ständige Erreichbarkeit. Das Leben besteht allerdings nicht nur aus Arbeit. Die Familie, die Freunde und die eigene Gesundheit sind ebenfalls wichtig. Eine intakte private Umgebung gibt insbesondere in beruflichen Krisensituationen einen wichtigen Halt. Auch eine ausgewogene und gesunde Ernährung, regelmäßiger Sport und ausreichend Erholung tragen zum körperlichen und geistigen Wohlbefinden bei. Fest eingeplante Zeiten für Familie und Gesundheit, das tägliche Gespräch mit der Familie, auch auf Dienstreisen, und die zeitweise Abschaltung des geschäftlich genutzten Smartphones in der Freizeit helfen, die nötige Balance zu halten.

Tab. 7.7 gibt einen Überblick darüber, wie sich dauerhafte Überlastungen vermeiden lassen.

Tab. 7.7 Ein sicherer Weg zur Überforderung oder zu dauerhafter Leistungsfähigkeit

Überforderung	Dauerhafte körperliche und geistige Leistungsfähigkeit
• Ungenügender Schlaf	• Ausreichender Schlaf
• Unausgewogene Ernährung	• Ausgewogene Ernährung
• Ständige geschäftliche Erreichbarkeit	• Bewusste Einschränkung der geschäftlichen Erreichbarkeit in der Freizeit
• Kein Privatleben	• Ausreichend Zeit für Familie, Freunde, Hobbys und Gesundheit einplanen und nutzen
• Zu wenig Bewegung	• Fitness durch regelmäßige Bewegung erhalten und steigern
• Immer alles schaffen wollen	• Gute Planung und Organisation von Arbeit und Freizeit mit passender Priorisierung
• Stress nicht ausreichend abbauen	• Ausreichende Entspannung durch gezielte Abwechslung

Wem es bei der Arbeit, beim Sport oder beim Hobby gelingt, so konzentriert zu sein, dass alles mühelos erscheint und die Zeit kaum noch wahrgenommen wird, der empfindet dies als Glückgefühl bzw. „Flow“. Aufgaben, die man mag und die einen fordern, aber nicht überfordern, kleine Erfolgserlebnisse durch die Erreichung von Teilzielen, ein Verständnis für den Sinn der Tätigkeit und die Minimierung von Ablenkungen helfen dabei, einen „Flow“ zu erreichen.

Viele CIOs sind gute Ausdauersportler. Dies ist wahrscheinlich darauf zurückzuführen, dass die Anforderungen an Ausdauersportler denen an erfolgreiche Führungskräfte ähneln. Ausdauersportler benötigen Eigenmotivation, Zielstrebigkeit und Willensstärke. Sie müssen auf dem Weg zum Ziel auch Rückschläge einstecken können, ohne aufzugeben. Insbesondere der Triathlonsport eignet sich gut für Führungskräfte, die ihre Fitness und psychologische Belastbarkeit verbessern möchten:

- Persönliche, anspruchsvolle Ziele lassen sich im Triathlon nur mit einer hohen intrinsischen Motivation und eigenverantwortlichem Handeln erreichen.
- Es bestehen im Training und im Wettkampf hohe Anforderungen an die Belastbarkeit und das Durchhaltevermögen.
- Das Training lässt sich alleine durchführen, sodass das eigene Handeln kaum eingeschränkt werden muss.
- Die Ziele sind auf der Grundlage einer realistischen Einschätzung der eigenen Leistungsfähigkeit anspruchsvoll und erreichbar zu planen.
- Im Triathlon sind Vielseitigkeit sowie eine Optimierung der Gesamtleistung mehrerer Disziplinen notwendig.
- Der Disziplinenwechsel und sich ständig ändernde Anforderungen (Wetter, Tagesform, Strecke etc.) erfordern Flexibilität. Gleichzeitig vermeidet die Abwechslung einseitige Überlastungen.

Sport kann Führungskräfte noch erfolgreicher machen. Manchmal ist ein sportliches Ziel aber auch einfach nur eine neue Herausforderung, wenn beruflich bereits die oberste Führungsebene erreicht ist.

Wer weiß, was ihm im Leben wirklich wichtig ist, kann auch entsprechend handeln.

Schlusswort 8

Die Bedeutung von Informationstechnologie für Unternehmen nimmt immer weiter zu. Der schnelle Wandel des Geschäftsumfeldes erfordert von ihnen ein immer höheres Innovationstempo und zunehmende Agilität. Unternehmen, die die Chancen des Einsatzes neuer Technologien und der allumfassenden Vernetzung richtig nutzen, werden zu neuen Marktführern in ihren Segmenten. Ohne die Vernetzung aller möglichen Geräte wäre die moderne Fertigung oder der Betrieb vieler Produkte, beispielsweise von Flugzeugen, Bahnen oder Autos, gar nicht mehr möglich.

Inzwischen entstehen unter Einsatz von vernetzten Computersystemen, inkl. dem Internet der Dinge mit seinen Gerätesensoren, der Cloud-Technologie und den aus vielfältigen Quellen gewonnenen Daten, neue Geschäftsmodelle, mit denen auf Kundenbedürfnisse optimal zugeschnittene digitale Services und Produkte genau zu dem Zeitpunkt bereitgestellt werden, zu dem der Kunde sie benötigt. Diese digitale Transformation, d. h. die Umstellung auf ein digitales Geschäft, erfolgt mit großer Geschwindigkeit.

Als Nächstes ist zu erwarten, dass die virtuelle Realität immer größere Bedeutung gewinnt. Digitale Produkte und Services sind zukünftig für Menschen bereitzustellen, die in der digitalen Welt virtuell agieren.

Die Digitalisierung ist auch eine herausfordernde Führungsaufgabe. Vor allem der CIO wird in diesem Transformationsprozess mit seinem technischen und geschäftlichen Know-how als Führungskraft stark gefordert. Er muss die Business-Prioritäten kennen, Führungs- und Kommunikationsstärke zeigen, neue Ideen fördern und entwickeln, persönliche Netzwerke einsetzen und die abgestimmten Projekte initiieren. Auch die Anforderungen an IT-Mitarbeiter haben sich geändert, kreatives Querdenken und Know-how aus ganz unterschiedlichen Disziplinen werden benötigt. Während der digitalen Transformation arbeitet die IT-Organisation eng mit den operativen Organisationseinheiten und Geschäftspartnern zusammen. Ihre frühere Hauptaufgabe, die Bereitstellung verlässlicher IT-Services zur Unterstützung der Geschäftsprozesse, bleibt bestehen. Darüber

E. Foth, *Erfolgsfaktoren für eine digitale Zukunft,* Xpert.press,
DOI 10.1007/978-3-662-53177-8_8

hinaus wird allerdings insbesondere vom CIO erwartet, mit den operativen Einheiten gemeinsam neue Geschäftsmodelle zu entwickeln. Mit entsprechenden Ideen und Vorschlägen kann die IT-Organisation zum Treiber der Digitalisierung und Wegbereiter IT-basierter Geschäftsinnovationen werden.

Während der digitalen Transformation sind vielfältige Herausforderungen zu bewältigen. Hierbei gibt das Buch dem Leser eine wertvolle Hilfestellung.

Literatur

1. www.tecchannel.de
2. www.wikipedia.org
3. Foth E (2000) Internet/Intranet-Handbuch. ISBN 3-931959-31-7. Fossil-Verlag, Köln
4. Foth E (2001) IP-Telefonie-Handbuch. ISBN 3-931959-33-3. Fossil-Verlag, Köln
5. Foth E (2001) E-Business-Handbuch. ISBN 3-931959-35-X. Fossil-Verlag, Köln
6. www.silicon.de
7. bmwi.de
8. de.statista.com
9. Foth E (2010) Exzellente Geschäftsprozesse mit SAP – Praxis des Einsatzes in Unternehmensgruppen. ISBN 978-3-642-12965-0. Springer, Berlin
10. BSI (2008) Leitfaden Informationssicherheit. https://www.bsi.bund.de/
11. winfwiki.wi-fom.de/index.php/PRINCE_2_-_Methodik_und_Bewertung
12. www.nell-it.de/files/prince2_glossar2008.pdf
13. www.cmbd.org.uk/resources.html

E. Foth, *Erfolgsfaktoren für eine digitale Zukunft,* Xpert.press,
DOI 10.1007/978-3-662-53177-8

Stichwortverzeichnis

E. Foth, *Erfolgsfaktoren für eine digitale Zukunft,* Xpert.press,
DOI 10.1007/978-3-662-53177-8

J

K

L

M